## ESCUCHE LO
## PERSONAS ESTÁ
*AFERRÁNDOSE*

Tiene en las manos un tesoro que ha sido minado en un lugar oscuro y aterrador. Con transparente honestidad, Nancy nos revela los gozos y los sufrimientos de su vida. Este es un libro acerca de la vida y acerca de Dios, quien nos sostiene en todo momento de nuestra vida.

SHEILA WALSH
conferencista de Women of Faith [Mujeres de Fe]

*Aferrándose a la Esperanza* es un libro muy profundo, de lectura fácil, que enriquece el corazón. Si le es difícil encontrar la bondad de Dios en medio de los sufrimientos de la vida, entonces este libro es para usted.

JONI EARECKSON TADA
*Joni and Friends [Joni y Amigos]*

Pocas personas han vivido —y continúan viviendo— una experiencia tan profunda, de primera mano, del dolor y de la pérdida como Nancy Guthrie. Por esa razón no más, su rendición cristiana de la historia de Job debería cobrar significado especial para los lectores que están experimentando sufrimiento. Pero hay otros incentivos: la claridad, el valor y la honestidad con que Guthrie explica cómo ha mantenido la esperanza y profundizado su fe en donde la mayoría hubiera encontrado solamente angustia.

DAVID VAN BIEMA
revista *Time*

Sólo Dios podría haber orquestado tales acontecimientos. Y sólo Dios pudo darle a la familia Guthrie la fe y el valor para vivirlos. Que Él use esta historia para darnos fortaleza a todos.

MAX LUCADO

El libro de Nancy Guthrie ofrece a la gente que sufre compañía y ánimo para encontrar a Dios en medio de su sufrimiento. Los pastores lo pueden recomendar en la confianza de que hará una diferencia.

**DR. ED YOUNG**
pastor, Second Baptist Church [Segunda Iglesia Bautista], Houston

Si desea que alguien sepa que no se encuentra solo en su sufrimiento y quiere ayudarlo a entender dónde está Dios en medio de su dolor, *Aferrándose a la Esperanza* es el mejor recurso disponible. Mientras que el mundo se pregunta por qué Dios permite la pérdida y el dolor, Nancy nos demuestra cómo enfrentarlo. Lea este libro, recomiéndelo y espere que una parte de su valor y fe le sean transmitidos.

**STEVE ARTERBURN**
New Life Ministries [Ministerios Nueva Vida]

Es difícil encontrar un libro que combine la percepción, la sensibilidad, lo práctico y la esperanza. . . . Este libro lo hace.

**H. NORMAN WRIGHT**
autor y consejero

# AFERRÁNDOSE A LA ESPERANZA

Un *camino a través del sufrimiento hacia*
*el corazón de Dios*

# NANCY
# GUTHRIE

Tyndale House Publishers
Carol Stream, Illinois

Visite Tyndale en Internet: tyndaleespanol.com y BibliaNTV.com.

*TYNDALE* y la pluma del logotipo son marcas registradas de Tyndale House Ministries.

*Aferrándose a la esperanza: Un camino a través del sufrimiento hacia el corazón de Dios*

© 2008 por Nancy Guthrie. Todos los derechos reservados.

Originalmente publicado en inglés en el 2002 como *Holding on to Hope* por Tyndale House Publishers, Inc. con ISBN 978-0-8423-6418-8.

Fotografía del bosque en la portada © por Casey Horner en Unsplash. Todos los derechos reservados.

Fotografía de la autora © 2013 por Jimmy Patterson. Todos los derechos reservados.

Fotografía de Esperanza Guthrie © por Micael-Reneé. Todos los derechos reservados.

Fotografía de Gabriel Guthrie © por Micael-Reneé. Todos los derechos reservados.

Edición en inglés: Lisa A. Jackson

Diseño: Alberto C. Navata Jr.

Traducción al español: Raquel Monsalve

Edición en español: Mafalda E. Novella

Versículos bíblicos sin otra indicación han sido tomados de la *Santa Biblia*, Nueva Versión Internacional®. © 1999 por la Sociedad Bíblica Internacional. Usado con permiso de Zondervan. Todos los derechos reservados. Versículos bíblicos indicados con RV60 han sido tomados de la *Santa Biblia*, versión Reina Valera 1960®. © por las Sociedades Bíblicas Unidas. Usado con permiso. Todos los derechos reservados. Versículos bíblicos indicados con "THE MESSAGE" han sido traducidos al español de *THE MESSAGE [EL MENSAJE]*. © por Eugene H. Peterson 1993, 1994, 1995, 1996, 2000, 2001, 2002. Usado con permiso de NavPress Publishing Group. Versículos bíblicos indicados con BLA han sido tomados de La Biblia de las Américas®, © 1986, 1995, 1997 por The Lockman Foundation. Usado con permiso.

Para información acerca de descuentos especiales para compras al por mayor, por favor contacte a Tyndale House Publishers a través de espanol@tyndale.com.

**Library of Congress Cataloging-in-Publication Data**
Guthrie, Nancy.
[Holding on to hope. Spanish]
Aferrándose a la esperanza : un camino a través del sufrimiento hacia el corazón de Dios / Nancy Guthrie.
    p. cm.
Includes bibliographical references (p.    ).
ISBN-13: 978-1-4143-2210-0 (sc)
ISBN-10: 1-4143-2210-0 (sc)
    1. Suffering—Religious aspects—Christianity. 2. Bible. O.T. Job—Criticism, interpretation, etc. 3. Guthrie, Nancy. I. Title.
    BV4909.G8813 2008
    248.8′6—dc22                                   2008010756

Primera reimpresión publicada en el 2021 con ISBN 978-1-4964-5782-0.

Impreso en los Estados Unidos de América
Printed in the United States of America

27   26   25   24   23   22   21
 7    6    5    4    3    2    1

# ÍNDICE

*Prefacio vii*
*Agradecimientos ix*
*Introducción xiii*

———

PÉRDIDA *3*

LÁGRIMAS *9*

ADORACIÓN *15*

GRATITUD *23*

CULPA *29*

SUFRIMIENTO *37*

DESESPERACIÓN *47*

¿POR QUÉ? *55*

ETERNIDAD *61*

CONSOLADORES *67*

MISTERIO *77*

SUMISIÓN *83*

INTIMIDAD *91*

———

*Epílogo 99*
*Recursos de las Escrituras 109*
*Notas 123*
*Guía de estudio 125*

# PREFACIO

*por Anne Graham Lotz*

El 11 de septiembre de 2001, terroristas secuestraron cuatro aviones de pasajeros, haciendo estrellar dos de ellos contra las torres gemelas del *World Trade Center* en la ciudad de Nueva York. El mundo entero observó horrorizado a las torres convertirse en gigantescas bolas de fuego, luego sufrir una implosión, hasta que todo lo que quedó de las estructuras de vidrio de 110 pisos fue hollín, polvo y una pila de humeantes escombros de la altura de un edificio de seis pisos.

Aun antes de que el polvo se asentara, empezó el heroico esfuerzo de rescate a medida que miles de personas comenzaron sistemáticamente a buscar entre los escombros para encontrar sobrevivientes. Uno de los miembros de rescate contó que había bajado por un agujero entre el retorcido metal y los escombros, extendiendo su brazo aún más lejos para alumbrar con su linterna en la oscuridad, cuando ¡de la polvorienta penumbra una mano se extendió y tomó su mano! ¡Él se sorprendió tanto que casi dejó caer la linterna y soltó esa mano! Pero en cambio, extendió su brazo para que alguien tomara su otra mano y luego alguien tomó la mano de esa persona, formando una cadena humana hasta que el hombre atrapado en la pila de escombros fue rescatado.

En nuestro mundo de hoy, hay mucha gente que está atrapada en los escombros de la desesperación, la depresión y la duda; o en los restos de las relaciones rotas; o en el torcido laberinto del sufrimiento y del dolor. En forma muy singular, Dios ha equipado a Nancy Guthrie como una "rescatadora," para hacer brillar la luz de la verdad de Dios en la más oscura noche de la confusión y el dolor, la desesperación y la debilidad. Enmarcando el testimonio de su propio dolor con la historia bíblica de Job, Nancy pinta un cuadro magnífico de victoria triunfante a través de la fe en Jesucristo.

En un mundo donde tanta atención se ha enfocado en un mensaje cristiano de salud, riqueza y prosperidad, *Aferrándose a la Esperanza* es como un rayo de Luz, que atrae la atención del lector a Dios y sólo a Dios.

Mi oración es que Dios use este libro para rescatarlo a usted de la profundidad de estar enterrado vivo en los escombros y restos de la experiencia de su propia vida. Y también oro que sus pies estén plantados en el suelo sólido de la Palabra de Dios, poniendo en libertad a su espíritu para que se remonte en la sublime atmósfera de la verdadera adoración. Que Dios lo bendiga a medida que toma la mano de Nancy y permite que ella lo guíe en su propio sendero de sufrimiento que lleva al corazón de Dios.

# AGRADECIMIENTOS
*Gracias*

**A** Anne Graham Lotz, quien me ha ayudado a ver la perspectiva de Dios. *Sí* fue una misión muy importante. Gracias por emprenderla conmigo.

A Ernie y Pauline Owen, quienes me ven a través de lentes color de rosa y nunca han dejado de creer en mí.

A Dan y Sue Johnson, por tomarse el tiempo de amarnos tan profundamente y por ayudarnos a encontrar las respuestas a las preguntas.

A todas aquellas personas que me sirvieron con tanta fidelidad y generosidad: Mary Grace, Mary Bess, Joanna, Julie, Gigi, Lori, Jan, Angela, y las mujeres de la familia Coates, para nombrar unas pocas. Estaría en total bancarrota si tratara de pagarles.

A Allen Arnold, por darme tanto tiempo y sugerencias, y por querer comprar el primer ejemplar del libro.

A todos en el grupo Knox, y a Jana y Pamela, por hablar por ellos.

A Mamá, Papá, Rita y Wink, quienes sufrieron doblemente al perder a su nieta y al ver a su hija e hijo perder una hija. Ustedes son los mejores abuelos del mundo.

Al Grupo: los Buchanan, los Davis, los Hodge, los MacKenzie, los Baugher, los Blackburn, los Yarborough, los Pfaehler, y, por supuesto, a la persona que nos mantiene unidos: Evelyn. Gracias por reír con nosotros y por llorar con nosotros, y por suplir nuestras necesidades antes de que supiéramos que las teníamos.

A Mateo, por darme una razón tan buena para levantarme por las mañanas.

Y especialmente a David. Supongo que teníamos mucho más en común de lo que pensábamos. Gracias por permitirme hacer tan público nuestro dolor. Ella *sí* era hermosa, ¿no?

EN LA ICONOGRAFÍA CRISTIANA, la esperanza
se simboliza con un ancla. ¿Y qué es lo que
hace un ancla? Mantiene el barco en su curso
cuando el viento y las olas lo azotan. Pero
el ancla de la esperanza está sumergida
en el cielo, no en la tierra.

**Gregory Floyd,** A *Grief Unveiled* [Un *Duelo Desvelado*]

# INTRODUCCIÓN

Mi esposo, David, mi hijo, Mateo, y yo estábamos trabajando en la casa un sábado por la mañana cuando escuchamos el sonido de helicópteros y al mirar por la ventana vimos humo negro elevándose en el cielo de algún lugar en nuestro vecindario. Una casa, a dos calles de nuestro hogar, se estaba incendiando. David caminó hasta esa casa, vio lo que había sucedido y regresó entristecido por lo que había visto —la casa se había quemado totalmente en unos pocos minutos.

Cuando uno ve algo así, no puede dejar de pensar: *¿Cómo respondería yo si me hubiera sucedido a mí? ¿Qué haría si manejara hasta la casa que dejé esa mañana y encontrara que había sido destrozada?*

Eso me recordó una historia que había leído esa semana —una historia de una pérdida tan grande que la mayoría de nosotros casi no la puede siquiera imaginar. Es la antigua historia de un hombre llamado Job, alguien que tal vez sea conocido como el dolorido más significante de la historia. Job estaba sentado en su casa un día cuando una serie de mensajeros llegaron y le dijeron que todo su ganado y sus siervos habían sido muertos y que todos sus hijos habían perdido la vida cuando el edificio en el cual estaban se derrumbó. Luego, como si haber perdido todo lo que tenía y a casi todos los que amaba fuera poco, a Job le salieron dolorosas llagas en todo el cuerpo.

Mientras leía su historia, me sorprendí de la respuesta de Job al dolor y al sufrimiento. Me preguntaba: ¿Respondería yo de esa forma a la tragedia? También noté que Job fue elegido específicamente para experimentar gran sufrimiento. Evidentemente fue elegido no porque merecía sufrir o porque estaba siendo castigado, sino debido a su gran fe. Y me pregunté en cuanto a mi propia fe —si yo tenía la clase de fe que soportaría aflicción extrema e inmerecida. Una fe que permaneciera cuando todo tipo de esperanza hubiera desaparecido.

Pero eso fue antes de que me llegara la aflicción. Antes de las devastadoras noticias que cambiaron todo en mi vida. Antes de la dolorosa anticipación de la muerte. ANTES DE LA ESPERANZA.

# LA JORNADA DE JOB

———◁○▷———

EN LA REGIÓN *de Uz había un hombre recto e intachable, que temía a Dios y vivía apartado del mal. Este hombre se llamaba Job. Tenía siete hijos y tres hijas; era dueño de siete mil ovejas, tres mil camellos, quinientas yuntas de bueyes y quinientas asnas, y su servidumbre era muy numerosa. Entre todos los habitantes del oriente era el personaje de mayor renombre.*

*Sus hijos acostumbraban turnarse para celebrar banquetes en sus respectivas casas, e invitaban a sus tres hermanas a comer y beber con ellos. Una vez terminado el ciclo de los banquetes, Job se aseguraba de que sus hijos se purificaran. Muy de mañana ofrecía un holocausto por cada uno de ellos, pues pensaba: "Tal vez mis hijos hayan pecado y maldecido en su corazón a Dios." Para Job ésta era una costumbre cotidiana.*

*Llegó el día en que los ángeles debían hacer acto de presencia ante el* SEÑOR, *y con ellos se presentó también Satanás. Y el* SEÑOR *le preguntó:*

*—¿De dónde vienes?*

*—Vengo de rondar la tierra, y de recorrerla de un extremo a otro —le respondió Satanás.*

*—¿Te has puesto a pensar en mi siervo Job? —volvió a preguntarle el* SEÑOR—. *No hay en la tierra nadie como él; es un hombre recto e intachable, que me honra y vive apartado del mal.*

*Satanás replicó:*

—¿Y acaso Job te honra sin recibir nada a cambio? ¿Acaso no están bajo tu protección él y su familia y todas sus posesiones? De tal modo has bendecido la obra de sus manos que sus rebaños y ganados llenan toda la tierra. Pero extiende la mano y quítale todo lo que posee, ¡a ver si no te maldice en tu propia cara!

—Muy bien —le contestó el SEÑOR—. Todas sus posesiones están en tus manos, con la condición de que a él no le pongas la mano encima.

Dicho esto, Satanás se retiró de la presencia del SEÑOR.

JOB 1:1-12

# PÉRDIDA

**D**os semanas después de que se les incendiara la casa a mis vecinos, nació mi hija, a quien le pusimos por nombre Esperanza. Durante muchos años habíamos planeado que si teníamos una hija, le pondríamos ese nombre, pero jamás podría haber soñado lo significativo que llegaría a ser.

De inmediato los doctores estuvieron preocupados por algunos problemas "pequeños" que se hicieron evidentes desde el principio —Esperanza tenía los pies deformes; estaba muy aletargada y no respondía bien; tenía el mentón plano y la cavidad entre los huesos de su cráneo era muy grande; tenía además una pequeña depresión en el lóbulo de una de sus orejas; no succionaba y sus manos estaban ligeramente arqueadas hacia afuera.

Cuando Esperanza tenía dos días de nacida, el genetista que la había examinado vino a nuestro cuarto. Nos dijo que sospechaba que Esperanza tenía un desorden metabólico llamado síndrome de Zellweger. Debido a

3

que a sus células les faltaban peroxisomas, que son los que se encargan de eliminar las toxinas de las células, sus sistemas dejarían de funcionar poco a poco.

Luego nos soltó una bomba al decirnos que la mayoría de los bebés con este síndrome vive menos de seis meses. No existe tratamiento ni cura alguna y tampoco se conoce de sobrevivientes. Sentí que me faltaba el aire. Mientras el doctor hablaba, dejé escapar un quejido apagado. Para ser sincera, no me parecía real. A veces todavía no lo parece. David, mi esposo, se recostó a mi lado en la cama del hospital y lloramos clamándole a Dios. Cuando me desperté al día siguiente, esperé que tal vez había sido un mal sueño, pero no lo fue.

Llamamos a nuestro pastor y le pedimos que nos viniera a ver esa mañana. Lo miré y le dije: "Bueno, creo que ahora ha llegado el momento de la verdad. Aquí es donde encontraré si en realidad creo lo que digo que creo." Sabía que tenía que elegir cómo respondería ante este terrible sufrimiento y desilusión.

En los días que siguieron a este diagnóstico, aprendimos a darle de comer a Esperanza con un tubo y esperamos el anticipado comienzo de los ataques. A medida que comenzamos a aceptar la realidad de que ella estaría con nosotros por un tiempo muy breve, me volví a la historia de Job. Quise mirar más de cerca la forma en que respondió Job cuando el mundo se le hizo pedazos.

Tal vez usted ha pasado por la experiencia de que el mundo se le hace pedazos. Tal vez su matrimonio ha terminado, o el matrimonio de sus padres ha terminado. O ha sufrido un desastre financiero y está tratando de salir de él. Tal vez su hijo o hija ha rechazado sus valores y lo ha rechazado a usted. O ha recibido el diagnóstico que no quería. O, al igual que yo, ha enfrentado el dolor y la soledad de perder a alguien que ama.

¿Siente como que el mundo se le ha hecho pedazos? Si es así, entonces sabe lo que es sentirse herido y desesperanzado en medio de una gran pérdida. Y tal vez, como yo, se encuentra preguntándose si alguna vez va a encontrar la forma de salir de este lugar de sufrimiento.

A través de las páginas de este corto libro, vamos a mirar detenidamente la experiencia de Job, porque Job nos muestra cómo responde una persona de fe cuando el mundo se le hace pedazos. Sabemos que Job era un gran hombre de fe porque el escritor nos lo dice en el primer versículo del primer capítulo, el cual describe a Job como un hombre totalmente íntegro que temía a Dios y vivía apartado del mal. Y más adelante, en el mismo capítulo, Dios usa las mismas palabras para describir a Job.

Esta introducción nos muestra que Job estaba totalmente consagrado a Dios y que era un hombre de carácter impecable. Aun podríamos describir a Job como amigo de Dios. En realidad, cuando Dios quiso elegir a una persona que le iba a ser fiel sin importar lo que sucediera, él eligió a Job —con plena confianza. ¡Job tiene que haber demostrado fidelidad una y otra vez para que Dios tuviera esa clase de confianza en él!

Pero Satanás tenía sus dudas. Satanás pensaba que Job era fiel sólo porque Dios lo estaba protegiendo en forma sobrenatural y porque tenía una vida muy cómoda, y creía que si esta vida cómoda le era quitada, Job se volvería contra Dios.

En ese momento, Dios le dio permiso a Satanás para que hiriera a Job. No queremos escuchar eso, porque no concuerda con la forma en que entendemos a un Dios de amor. Pero está claro. Dios dio el permiso y estableció los límites para el sufrimiento de Job.[1]

"'Muy bien,' le contestó el SEÑOR. 'Todas sus posesiones están en tus manos, con la condición de que a él no le pongas la mano encima'" (Job 1:12).

¿Se pregunta por qué Dios le daría permiso a Satanás para dañar a Job? Lo que es más importante, ¿se pregunta por qué Dios ha permitido que Satanás ocasione tanto dolor en su vida?

Antes de tratar de responder a la pregunta "¿Por qué?" miremos detenidamente la forma en que Job respondió cuando todo lo que tenía y todos a los que amaba le fueron arrebatados abruptamente.

Veremos que la historia de Job trata de mucho más que de su sufrimiento. De alguna forma, a lo largo del camino, él descubrió a Dios de una forma en que no lo había conocido antes. Y cuando su historia llega al final, vemos que "el SEÑOR bendijo más los últimos años de Job que los primeros. . . . Disfrutó de una larga vida y murió en plena ancianidad" (Job 42:12, 17).

¿No es eso lo que usted y yo queremos, aun ahora, en medio de nuestras dolorosas circunstancias? ¿Entender a Dios como nunca lo entendimos antes, verlo como nunca lo vimos antes, salir de nuestros días de sufrimiento con la bendición de Dios y con una vida que puede ser descrita como buena?

¿Cómo salió Job del sufrimiento profundo a la bendición profunda? Sigamos de cerca los pasos de Job para descubrir su secreto. Examinemos cada paso a lo largo del camino. Sigámoslo por el camino del sufrimiento para que Job nos pueda guiar al mismo corazón de Dios.

LLEGÓ el día en que los hijos y las hijas de Job celebraban un banquete en casa de su hermano mayor. Entonces un mensajero llegó a decirle a Job: "Mientras los bueyes araban y los asnos pastaban por allí cerca, nos atacaron los sabeanos y se los llevaron. A los criados los mataron a filo de espada. ¡Sólo yo pude escapar, y ahora vengo a contárselo a usted!"

No había terminado de hablar este mensajero cuando uno más llegó y dijo: "Del cielo cayó un rayo que calcinó a las ovejas y a los criados. ¡Sólo yo pude escapar para venir a contárselo!"

No había terminado de hablar este mensajero cuando otro más llegó y dijo: "Unos salteadores caldeos vinieron y, dividiéndose en tres grupos, se apoderaron de los camellos y se los llevaron. A los criados los mataron a filo de espada. ¡Sólo yo pude escapar, y ahora vengo a contárselo!"

No había terminado de hablar este mensajero cuando todavía otro llegó y dijo: "Los hijos y las hijas de usted estaban celebrando un banquete en casa del mayor de todos ellos cuando, de pronto, un fuerte viento del desierto dio contra la casa y derribó sus cuatro esquinas. ¡Y la casa cayó sobre los jóvenes, y todos murieron! ¡Sólo yo pude escapar, y ahora vengo a contárselo!"

Al llegar a este punto, Job se levantó, |y|se rasgó las vestiduras.

JOB 1:13-20

# LÁGRIMAS

**M**uy poco después de la muerte de Esperanza, fui al mostrador de una tienda donde venden cosméticos a comprar rímel. —¿Se me correrá por la cara este rímel cuando lloro? —pregunté.

La joven detrás del mostrador me aseguró que no y me preguntó con risa en la voz: —¿Va a estar llorando?

—Sí —le respondí—. Voy a estar llorando.

Tuvimos a Esperanza con nosotros 199 días. La amamos. La disfrutamos plenamente y la compartimos con todos los que pudimos. La tomamos en brazos durante sus ataques. Luego, la dejamos ir.

Un día después de que enterramos a Esperanza, mi esposo me dijo: "¿Sabes? Creo que esperábamos que nuestra fe hiciera que esto doliera menos, pero no es así. Nuestra fe nos dio una increíble cantidad de fortaleza y aliento mientras tuvimos a Esperanza, y nos consuela el saber que ella está en el cielo. Nuestra fe evita que nos dejemos llevar por la desesperación. Pero no creo que haga que nuestra pérdida duela menos."

Es muy natural que la gente a mi alrededor a menudo me pregunte de modo escrutador: "¿Cómo estás?" Y durante la mayor parte del primer año después de la muerte de Esperanza, mi respuesta fue siempre: "Estoy profunda e intensamente triste." He sido bendecida con mucha gente que ha estado dispuesta a compartir mi dolor, a estar triste conmigo. Otros, sin embargo, parecen querer apresurarme a través de mi sufrimiento. Quieren arreglarme. Pero yo perdí a alguien que amaba con todo mi corazón, y estoy triste.

Nuestra cultura no se siente cómoda con la tristeza. La tristeza es difícil de manejar. Nos deja perplejos. Viene y va y toma su propia forma. Pide ser compartida. Se manifiesta en lágrimas, y nosotros no sabemos qué hacer con las lágrimas.

Muchas personas temen hablar de mi pérdida. No quieren hacerme sentir mal. Pero las lágrimas son la única forma que tengo de dejar salir la profunda tristeza que siento. Les digo a las personas: "No se preocupen en cuanto a llorar delante de mí y ¡no teman hacerme llorar! Sus lágrimas me dicen que ustedes se preocupan y mis lágrimas les dicen a ustedes que me han tocado en un lugar que tiene mucho significado para mí —y que nunca olvidaré su disposición de compartir mi sufrimiento."

En realidad, los que han compartido sus lágrimas conmigo me muestran que nosotros no estamos solos. A menudo se siente como que estamos llevando esta enorme carga de dolor, y cuando otras personas lloran conmigo, es como si estuvieran tomando un balde lleno de tristeza y lo estuvieran llevando por mí. Tal vez es lo más significativo que alguien puede hacer por mí. Nuestra cultura quiere poner el curita del cielo en nuestro dolor por perder a alguien que amamos. A veces parece que las personas a nuestro alrededor piensan que porque sabemos que el ser que amamos está en el cielo, no deberíamos estar tristes. Pero no entienden lo lejos que se siente el cielo y lo extenso que parece el futuro cuando vemos delante de nosotros los años que tenemos que pasar en la tierra antes de ver de nuevo a la persona que amamos.

Afortunadamente, no estamos solos en nuestra tristeza. En Isaías 53:3, la Biblia describe al Hijo de Dios como un "varón de dolores, experimentado en quebranto" (RV60). Y es en nuestra tristeza que descubrimos un nuevo aspecto del carácter de Dios y alcanzamos un nuevo entendimiento de él que no habríamos podido conocer sin nuestra pérdida. Él sabe lo que es el dolor. Él entiende. No está tratando de apresurarnos a través de nuestra tristeza. Él está triste con nosotros.

Un día después de que enterramos a Esperanza, por primera vez entendí por qué tanta gente trata de aliviar su dolor de maneras tan dañinas. Ese día yo traté de dormir para evitarlo. Y en los días siguientes, descubrí que no podía dormir para evitarlo, comprar para evitarlo, comer para evitarlo, beber para evitarlo o viajar para evitarlo.

Simplemente tenía que sentirlo. Y dolía. Físicamente.

Me di cuenta de que tenía una elección —podía tratar

de ocultar todo el dolor en un armario y fingir que no estaba allí y desear que desapareciera, o podía revelarlo, exponerlo a la Luz, sondearlo, aceptarlo y permitir que sanara. Elegí afrontarlo directamente, caminar con dificultad a través de él, sentir su peso completo y hacer lo mejor posible para enfrentar mis sentimientos de pérdida y desesperanza con la verdad de la Palabra de Dios en cada ocasión. Aun ahora no puedo decir que estoy sana. Parte de mi corazón ya no me pertenece. Se la di a Esperanza y ella se la llevó consigo, y para siempre voy a sentir el dolor de esa amputación.[2] Pero aceptar mi sufrimiento significa permitir que haga su obra en mí.

Eso fue lo que hizo Job. De la agonía y del dolor más profundos por su pérdida, Job se lamentó abiertamente por ella. Él no cubrió su tristeza y mostró un rostro feliz u ofreció clichés que sonaban religiosos. Él rasgó sus vestiduras y se rasuró la cabeza. Sufrió y no tuvo vergüenza de mostrar cuán profundo era su sufrimiento.

¿Sabe usted lo que es gemir por el sufrimiento? Parte de ser un ser humano es que cuando pierde algo que es valioso para usted, agoniza sobre esa pérdida, y no hay nada de malo con eso. Sus lágrimas no reflejan falta de fe.

En lugar de correr del dolor o tratar de pasarlo por alto, ¿por qué no se apoya en él? ¿Por qué no le permite que complete la obra de sanación en su corazón?

¿Estaría dispuesto a invitar a Dios para que camine con usted durante este tiempo de sufrimiento para que pueda experimentar su presencia sanadora?

¿Estaría dispuesto a enfrentar sus sentimientos de desesperación y de dolor con las verdades de la Palabra de Dios para que puedan llegar a ser un poder sanador en su corazón y en su mente?

*JOB se levantó, se rasgó las vestiduras, se rasuró la cabeza, y luego se dejó caer al suelo en actitud de adoración.*

JOB 1:20

# ADORACIÓN

Es difícil admitirlo, pero por alguna razón, a menudo la iglesia ha sido uno de los lugares más difíciles al cual asistir desde la muerte de Esperanza. Supongo que parte de eso se debe a la gente. Aun cuando son amables y se preocupan, hay algo inexplicablemente difícil en cuanto a una multitud cuando usted está llorando la pérdida de un ser amado, ¿no es verdad? A veces he entrado al edificio con sentimientos totalmente conflictivos. Parte de mí no puede soportar la idea de que tal vez nadie diga nada acerca de Esperanza, mientras que otra parte de mí teme que mucha gente me diga algo acerca de ella.

Pero no es sólo la gente con la que me encontraré la que hace difícil el asistir a la iglesia. Es Dios mismo. Son las palabras que cantamos durante el servicio que se me atragantan:

> *Mi suerte, cualquiera que sea, diré*
> *Alcancé, alcancé salvación . . .*

*Grande, Señor, es tu fidelidad . . .*

*Canto con gozo al mirar su poder,*
  *Por siempre yo te amaré . . .*

Una cosa es ir a la iglesia; otra cosa es adorar. Para ser honesta, algunas veces no siento deseos de hacerlo. A veces no siento ganas de alabar y de adorar a Dios por quién es él y por lo que ha hecho, lo cual es la esencia de la adoración. Ofrecerle gracias y alabanza a él a veces se siente como algo deshonesto o poco sincero.

Es por eso que estoy tan sorprendida cuando considero la historia de Job. En la respuesta inicial de Job a su pérdida hubo más que sufrimiento y agonía. Cuando Job respondió a la calamidad en su vida, cayó al suelo ante Dios en actitud de adoración.

¿Encuentra esa una respuesta extraña? Él acababa de perder todo lo que tenía y sin embargo cayó al suelo para adorar a Dios. Cuando lo leí, me pregunté: *¿Cómo pudo hacerlo?*

Sólo una persona que entendía la grandeza de Dios pudo haber adorado en un momento como ese. Tal vez esta fue la primera de muchas veces en los meses siguientes en que Job eligió hacer lo correcto en lugar de enfocarse completamente en sus sentimientos.

Aun cuando Job se sentía destrozado, tal vez aun traicionado, él hizo lo que sabía que era lo correcto: adorar al Dios Todopoderoso.

Es obvio que Job sabía adorar. Él no tuvo que ir a un templo. Su fe era tan genuina y abarcaba tan completamente toda su vida que reconoció que podía adorar a Dios allí mismo donde estaba y tal como era. Para Job, la adoración era una forma de vida.

Cuando nuestra piel es aguijoneada por una espina, lo que sale es lo que está adentro: sangre. Cuando nuestras vidas son aguijoneadas por la dificultad, lo que sale es lo que está adentro. Para algunos de nosotros, lo que sale es egoísmo, orgullo, amargura y enojo. Para otros, es el fruto del Espíritu: amor, alegría, paz, paciencia, amabilidad, bondad, fidelidad, humildad y dominio propio (Gálatas 5:22-23). Lo que salió cuando Job no sólo fue aguijoneado, sino traspasado, fue adoración.

A menudo, la adoración es un asunto de obediencia. Por lo menos lo es para mí. Pero, como en muchas otras esferas, cuando hago la elección de ser obediente, Dios cambia mis sentimientos y llego al lugar de adoración apasionada.

Sabe, adoramos porque Dios es digno, no necesariamente porque "sentimos ganas" de hacerlo. En medio de una crisis, si sólo hiciéramos lo que tenemos ganas de hacer, podríamos permanecer detenidos en un ciclo de autocompasión. Pero cuando adoramos, quitamos los ojos de nosotros mismos y de nuestro sufrimiento o problemas, y los enfocamos en Dios, lo cual pone nuestras dificultades en la perspectiva correcta.

La mayoría de nosotros piensa en la adoración como

una actividad de los domingos por la mañana para la cual nos reunimos en una iglesia, cantamos algunos himnos y escuchamos a un predicador. Pero la adoración verdadera se da cuando las palabras que fluyen de nuestras vidas glorifican a Dios y lo honran por quién es él y por lo que ha hecho. Adoramos cuando reflejamos su gloria —su carácter y su imagen— a otras personas por la forma en que vivimos. Y ¿no parece que todos nos están observando muy de cerca cuando la tragedia golpea nuestras vidas?

Seguramente nuestra adoración en medio del dolor y la aflicción le es particularmente preciosa a Dios, debido a que nos cuesta tanto. La adoración no se hace más fácil, pero es mucho más significativa cuando la ofrecemos con un corazón que sufre.

La verdad es que la adoración en estos tiempos puede ser la más significativa que jamás experimentaremos. Tal vez estemos mejor capacitados que antes para adorar porque llegamos a ser conscientes de nuestra desesperada necesidad de Dios y de nuestras propias y asfixiantes debilidades. Tal vez sea porque comprendemos que nuestra impotencia e insuficiencia están en la perspectiva correcta con el poder y la soberanía de Dios.

¿Quiere encontrar el corazón de Dios en la oscuridad de su sufrimiento? En el quebrantamiento del dolor abrumador, ¿estaría dispuesto a dejar de lado sus sentimientos de desilusión y confusión —y aun de enojo— y comenzar a adorar a Dios?

Cuando no puede encontrar las palabras adecuadas, ¿por qué no ir al libro de los Salmos y usar las palabras de David en alabanza, confesión y lamento?

¿Quisiera optar por adorar a Dios en toda su dignidad y confiar en su fidelidad aun cuando la confusión y el dolor no desaparecen inmediatamente?

*Fuente de la vida eterna,*
*Y de toda bendición;*
*Ensalzar tu gracia tierna,*
*Debe cada corazón.*
*Tu piedad inagotable,*
*Abundante en perdonar,*
*Único ser adorable,*
*Gloria a ti debemos dar.*

*De los cánticos celestes*
*Te quisiéramos cantar;*
*Entonados por las huestes*
*Que lograste rescatar.*
*Almas que a buscar viniste,*
*Porque les tuviste amor,*
*De ellas te compadeciste,*
*Con tiernísimo favor.*

*Toma nuestros corazones,*
*Llénalos de tu verdad;*
*De tu Espíritu los dones,*

*Y de toda santidad.*
*Guíanos en obediencia,*
*Humildad, amor y fe;*
*Nos ampare tu clemencia;*
*Salvador, propicio sé.*

ROBERT ROBINSON
*TRADUCIDO POR THOMAS WESTRUP*

ENTONCES dijo: "Desnudo salí del vientre de mi madre, y desnudo he de partir. El SEÑOR ha dado; el SEÑOR ha quitado. ¡Bendito sea el nombre del SEÑOR!"

JOB 1:21

# GRATITUD

David se quedaba en casa con Esperanza los miércoles para que yo pudiera asistir al estudio bíblico. Una mañana de enero, subí al automóvil después de la clase y lo llamé de mi teléfono celular. Él no contestó, lo cual pensé que era raro. Entonces lo llamé a su teléfono celular y él contestó la llamada.

—¿Dónde estás? —le pregunté.

—Todos estamos bien —me dijo.

(Bueno, usted sabe que cuando alguien comienza la llamada con esa expresión, todos no estamos bien, ¿no es verdad?)

"Estamos en la consulta del Dr. Ladd, pero no es por Esperanza," continuó él. "Mateo se cayó en su clase de educación física y se rompió un diente delantero."

Suspiré profundamente y no pude decir nada por un minuto. Creo que eso me afectó en la esfera de mi temor más grande —que Esperanza no fuera nuestra única pérdida.

Aquella noche, mientras David y yo hablábamos sobre nuestro día, nos dimos cuenta de que ambos teníamos un acuerdo sobreentendido con Dios más o menos en estos términos: "Está bien. Aceptamos perder a Esperanza y todo lo que eso conlleva. Pero no perderemos a Mateo. No perderemos el uno al otro. No sufriremos accidentes automovilísticos. Ni cáncer. Ni colapso financiero. ¡Eso es todo!"

Pero cuando expresamos nuestros sentimientos y temores más profundos en voz alta, nos dimos cuenta de que teníamos que soltar esas otras cosas también. Necesitábamos confiar en Dios con todo lo que teníamos, abrir nuestro corazón y decir: *Señor, ¡todo esto es tuyo para hacer como tú quieras!*

Algunos días me pregunto si el soltar todas las cosas terminará alguna vez. Desde la muerte de Esperanza, he tenido que soltar su cuerpo físico, soltar mis sueños para ella y muchas de sus cosas. He tenido que soltar su cuarto y convertirlo de nuevo en un cuarto de huéspedes. Tengo una amiga muy dulce que ha hecho un bello libro de recuerdos de la vida de Esperanza. Otra amiga que vio este libro me dijo: "¡Sé qué es lo primero que sacarías si se incendiara la casa!" Entonces me di cuenta de que las páginas ya han comenzado a ajarse y a desteñirse. Le tengo mucho apego a ese libro, pero me he dado cuenta de que tengo que estar dispuesta a soltarlo también. Para algunos tal vez eso parezca un sacrificio pequeño, pero el libro representa todos mis recuerdos de Esperanza.

También tengo que sostener esos recuerdos con la mano abierta.

Sabe, Esperanza fue un regalo. Y la respuesta apropiada a un regalo es la gratitud.

Eso es lo que vemos en Job. Cuando cayó al suelo en adoración a Dios, aun cuando acababa de perder todo, Job le estaba dando gracias a Dios por todo lo que le había dado. Cuando Job dijo: "El SEÑOR ha dado; el SEÑOR ha quitado," vemos que Job reconoció que todo lo que tenía era un don de Dios y que Job había aprendido a sostener esos dones con la mano abierta. Es evidente que Job, mucho antes, se había dado cuenta de que sus enormes riquezas no sólo habían venido de Dios, sino que todavía eran de Dios, mientras que él mismo era sólo un mayordomo.

Y ¿qué de usted? Sé que casi no puede aguantar el pensamiento de ser agradecido en medio de su pérdida. Tal vez piense que estoy loca por siquiera sugerirle que sienta agradecimiento cuando enfrenta la silla vacía, la cuenta de banco vacía, el vacío.

Dios da, y Dios quita. Pero seamos honestos. Nosotros sólo queremos que él dé, ¿no es verdad? Y por cierto que no queremos que nos quite las cosas o a las personas que amamos.

Tenemos la tendencia de pensar que el dinero en nuestras cuentas bancarias y las posesiones que tenemos son nuestros —que los hemos ganado. Que los merecemos. Pero la verdad es que todo lo que tenemos es un don.

Hay un antiguo libro titulado *Tracks of a Fellow Struggler [Las Huellas de un Compañero en la Lucha]*,[3] escrito por John Claypool, a quien se le murió una hija de leucemia. Él cuenta la historia de su crecimiento durante la Segunda Guerra Mundial. Cuando uno de los socios del negocio de su padre fue a la guerra, la familia del hombre se fue a vivir a otro lugar y dejaron su lavadora de ropa para que la usara la familia Claypool.

Pasaron dos años. La guerra había terminado y los amigos regresaron y querían que les devolvieran la lavadora de ropa. Cuando vinieron para llevársela, John Claypool, que era niño, expresó abiertamente su resentimiento. Su familia se había acostumbrado a tener una lavadora de ropa y parecía muy injusto tener que devolverla. Sabiamente, su madre le señaló que en primer lugar, la lavadora nunca había sido de ellos. Fue un regalo por todo el tiempo que la usaron, y la respuesta adecuada a un regalo es la gratitud.

Cuando usted llega al lugar en el cual reconoce que todo lo que tiene y que todas las personas que ama son un regalo, se le hace posible disfrutar esos regalos —no con una actitud de codicia, sino con una actitud de gratitud. Usted y yo, al igual que Job, sabemos que Dios da y que Dios quita. Y cuando él quita, si podemos enfocarnos en el gozo de lo que nos fue dado, aunque sea sólo por un tiempo, damos un paso más por el camino que lleva al corazón de Dios.

¿Estaría dispuesto a agradecerle a Dios por un don que

le ha dado y que ahora le ha quitado? Tal vez haya sido su cónyuge, su reputación, su seguridad financiera, su salud, su casa. . . . *Gracias.*

¿Le puede pedir a Dios que lo ayude a soltar los dones que él le ha dado y que tiene apretados en la mano, para sentir la libertad de confiar todo a su cuidado? ¿Le dará a Dios el lugar para que pueda hacer lo que él quiere con sus posesiones, su posición, las personas que ama? ¿Aceptaría la promesa de que él puede ser suficiente?

*Estén siempre alegres, oren sin cesar, den gracias a Dios en toda situación, porque esta es su voluntad para ustedes en Cristo Jesús.*

1 Tesalonicenses 5:16-18

*A pesar de todo esto, Job no pecó ni le echó la culpa a Dios.*

JOB 1:22

# CULPA

Estoy sorprendida de la rapidez con que la palabra "demándalo" puede salir de los labios de mi hijo de diez años de edad. Un producto de nuestra cultura, cuando algo no parece justo o algo malo pasa, él está listo para colocar la culpa en alguien y hacer que alguien pague.

Muchas veces, cuando sufrimientos injustos o inmerecidos llegan a nuestra vida, exigimos que alguien sea responsable —el doctor que cometió un error drástico de juicio, el conductor que había bebido demasiado, el abogado del divorcio que sacó tanta ventaja.

Pero al que hacemos responsable la mayor parte de las veces por el sufrimiento en nuestras vidas es a Dios.

¿Es aquí donde se encuentra usted hoy? ¿Está culpando a Dios por algo que sucedió en su vida? ¿Ha estado llevando esta carga durante mucho tiempo?

Culpar a Dios. Tal vez no digamos expresamente que culpamos a Dios, pero nos amargamos —estamos amargados por el padre alcohólico o el atacante violento, y no vemos que la amargura finalmente es culpar a Dios por las circunstancias en nuestras vidas.

Cuando llegan los problemas, pensamos: "No merezco esto." Pero aguarde. ¿Cómo sería su vida si recibiera lo que merece? Si no fuera por la gracia de Dios y por su misericordia, ¿cómo sería su vida? Piense en esto por unos momentos.

Es evidente que Job no tenía la mentalidad de que "merecía" sus comodidades y su vida bendecida. Sorprendentemente, vemos que Job no culpó a Dios por quitarle todo lo que tenía y todos los seres que amaba tanto. De alguna forma, Job evitó culpar a Dios por sus devastadoras circunstancias.

Así que, ¿cómo lo hizo? Y lo que es más importante, ¿cómo podemos usted y yo, cuando hemos perdido tanto, evitar amargarnos y culpar a la gente? En primer lugar, creo que necesitamos una clara comprensión de dónde pertenece la culpa.

Mucho del mal que sucede en el mundo, en su mundo, en mi mundo, es la consecuencia natural del pecado de la humanidad. No culpe a Dios —culpe al pecado. Culpe a Adán. El libro de Romanos nos ayuda a entender esto:

> *Por medio de un solo hombre [Adán] el pecado entró en el mundo, y por medio del pecado entró la muerte; fue así como la muerte pasó a toda la humanidad, porque todos pecaron.*
>
> ROMANOS 5:12

*La creación . . . fue sometida a la frustración. Esto no sucedió por su propia voluntad, sino por la del que así lo dispuso. Pero queda la firme esperanza de que la creación misma ha de ser liberada de la corrupción que la esclaviza.*

ROMANOS 8:19-21

Muerte, enfermedad, destrucción —todas estas cosas son el resultado de vivir en un mundo en el cual el pecado se ha arraigado y ha corrompido todo. Es esta maldición del pecado la que requirió que Jesús se hiciera carne y muriera. Él murió para vencer la maldición del pecado —no sólo en nuestras vidas individuales sino en toda la creación. De hecho, debido a su sacrificio perfecto, va a llegar el día cuando estaremos libres de esta maldición.

*Después vi un cielo nuevo y una tierra nueva, porque el primer cielo y la primera tierra habían dejado de existir. . . . Oí una potente voz que provenía del trono y decía: "¡Aquí, entre los seres humanos, está la morada de Dios! Él acampará en medio de ellos, y ellos serán su pueblo; Dios mismo estará con ellos y será su Dios. Él les enjugará toda lágrima de los ojos. Ya no habrá muerte, ni llanto, ni lamento ni dolor, porque las primeras cosas han dejado de existir." . . . Ya no habrá maldición. El trono de Dios y del Cordero estará en la ciudad. Sus siervos lo adorarán.*

APOCALIPSIS 21:1, 3-4; 22:3

Por ahora, todavía vivimos en un mundo que está bajo una maldición. Y, a menos que sigamos el ejemplo de Job, es fácil culpar a Dios. Creo que la clave de la habilidad de Job de evitar culpar a Dios se encuentra en la primera línea de la historia cuando se dice que Job "temía a Dios."

¿Qué significa "temer" a Dios?[4] Por cierto que va más allá de tenerle miedo a Dios. Es un sentido profundo de temor reverencial hacia Dios. Pero en realidad es aún más que eso. Se puede describir el temor de Dios mejor que tratar de definirlo. Se muestra en el carácter y la conducta de una persona. Una persona que teme a Dios reconoce la autoridad de Dios en todas las esferas de su vida. Quiere obedecer todos los mandamientos claros de Dios en las Escrituras. Reconoce su completa dependencia de Dios por todo lo que tiene y todo lo que es. Enfoca todos los aspectos de la vida con la meta de glorificar a Dios. Y cuando la vida le da un golpe, su temor de Dios se revela más completamente.

En Éxodo 20:20, leemos que Moisés le dice al pueblo de Dios: "No tengan miedo. . . . Dios ha venido a ponerlos a prueba, para que sientan temor de él y no pequen." Moisés deja claro que hay una diferencia entre tenerle miedo a Dios y tener temor de él. Tenerle miedo a Dios lleva a la desconfianza y a la desobediencia, pero el temor de Dios evita que vivamos una vida manchada por el pecado.

En la aparente injusticia de perder a alguien que amamos o algo que nos gusta, nuestros hermanos creyentes a veces nos alientan a expresar libremente nuestro enojo para con Dios. Y por cierto que Dios puede lidiar con nuestras emociones sinceras. Pero el temor a Dios nos detiene la lengua cuando queremos acusar a Dios de hacer cosas malas; impide que levantemos un dedo acusando en desafío; nos humilla en medio de nuestro enojo que cree estar justificado.

Si usted quiere salir al otro lado de su sufrimiento sin la carga de culpar a Dios, y toda la amargura y discordia que trae el culpar, entonces debe entender y crecer en el temor a Dios. La Biblia dice que el temor del Señor es el principio de la sabiduría (Proverbios 9:10). ¿Quiere en realidad llegar a una mejor comprensión del cuadro total? El punto de partida es desarrollar un temor sano a Dios.

Si usted quiere temerle a Dios, debe conocerlo. Y para conocerlo se requiere un estudio de la Palabra de Dios completo e intensivo. A medida que nos encontramos con Dios regularmente en su Palabra, y a medida que el Espíritu Santo obra en nuestras vidas, vemos la majestad y el poder de Dios, su santidad y sabiduría, y su amor expresado en su gracia y misericordia para con nosotros. Llegamos a admirar sus atributos y nos quedamos maravillados por su amor. Y aun cuando sufrimientos inmerecidos amenazan destrozarnos, podemos evitar el pecado de maldecir y culpar a Dios.

¿Quisiera comenzar hoy a crecer en el temor de Dios por medio de un estudio cuidadoso y consecuente de lo que él dice sobre sí mismo en la Biblia?

¿Estaría dispuesto a ser sincero con Dios en cuanto a sus sentimientos y preguntas, sin un espíritu de resistencia y rebelión?

¿Estaría dispuesto a colocar la culpa por su sufrimiento donde corresponde —en la humanidad pecaminosa— en lugar de maldecir y culpar a Dios?

—¿TE has puesto a pensar en mi siervo Job? —volvió a preguntarle el SEÑOR [a Satanás]—. . . . Aunque tú me incitaste
contra él para arruinarlo sin motivo, ¡todavía mantiene firme su
integridad!

—¡Una cosa por la otra! —replicó Satanás—. Con tal de salvar la vida, el hombre da todo lo que tiene. Pero extiende la mano
y hiérelo, ¡a ver si no te maldice en tu propia cara!

—Muy bien —dijo el SEÑOR a Satanás—, Job está en tus
manos. Eso sí, respeta su vida.

Dicho esto, Satanás se retiró de la presencia del SEÑOR para
afligir a Job con dolorosas llagas desde la planta del pie hasta la
coronilla. Y Job, sentado en medio de las cenizas, tomó un pedazo
de teja para rascarse constantemente.

Su esposa le reprochó.

—¿Todavía mantienes firme tu integridad? ¡Maldice a Dios y
muérete!

Job le respondió:

—Mujer, hablas como una necia. Si de Dios sabemos recibir lo
bueno, ¿no sabremos también recibir lo malo?

JOB 2:1-10

# SUFRIMIENTO

Recuerdo dónde estaba en el camino cerca de mi casa cuando oré: "Señor, trae aflicción a mi vida, si eso es lo que se requiere para conocerte más íntimamente." Sentía que Dios me estaba preparando para algo, pero no sabía para qué. Si lo hubiera sabido, creo que no hubiera orado esa oración.

Me había dado cuenta de que muy poca gente va a través de la vida sin alguna clase de sufrimiento intenso. Creo que sentía que ahora era mi turno. Yo no había experimentado una gran cantidad de sufrimiento en mi vida. Y aunque no describiría mi vida como fácil, ciertamente he sido increíblemente bendecida. Así que mientras miraba a mi alrededor, me pregunté: *¿Cuándo me llegará el turno para el dolor?*

Es probable que usted no haya invitado a las dificultades para que entren a su vida. Es más probable que le hayan sido lanzadas. De hecho, la mayoría de nosotros pasa la vida haciendo todo lo posible para *evitar* el sufrimiento.

En el mundo moderno de hoy, esperamos una cura para todas las enfermedades, un reemplazo para cada pérdida, un arreglo para cada fracaso. Cuando nos llegan los dolores, nos abrumamos y nos conmovemos.

Pero mire a su alrededor. ¿Cuánta gente conoce que no haya sufrido dificultades profundas en algún momento de sus vidas? Fíjese en las Escrituras. ¿Puede encontrar alguna persona en la Biblia —aun las más piadosas— que no haya sufrido mucho?

Job no estaba buscando sufrir y, sin embargo, no parece que lo tomó desapercibido. Cuando su esposa quiso que renunciara completamente a la vida y a Dios debido a su sufrimiento, Job le dijo: "Si de Dios sabemos recibir lo bueno, ¿no sabremos también recibir lo malo?"

La aceptación y aun la espera de Job de ambas, las cosas buenas y las malas, de Dios se encuentra en agudo contraste con nuestras expectativas de hoy en día, que es la razón por la cual tenemos tanta dificultad para responder al sufrimiento de una forma piadosa como lo hizo Job. Tenemos una expectativa no expresada de que un Dios bueno solamente traerá lo que consideramos cosas buenas a nuestra vida. Nunca esperamos que él permita y aun traiga dificultades a nuestra vida. Pero lo hace.

¿Lo sorprende esto? ¿Le molesta?

Tal vez no lo digamos, pero en el fondo de nuestra mente de alguna forma pensamos que debido a que Job era tan piadoso, él debería haber sido librado del sufrimiento. Pero la verdad es que a menudo la gente que sigue a Dios sufre —no menos sino más. ¿Se ha dado cuenta de que las personas que sufren están marcadas con una cierta belleza, profundidad y transformación?[5] Sin embargo, esto sólo ocurre cuando experimentan el sufrimiento y buscan a Dios en medio de él. De otra manera, están marcadas con amargura y soledad.

"Pero," tal vez diga usted, "Dios no aflige por gusto a sus hijos." Es verdad.

> *Porque no rechaza para siempre el Señor, antes bien, si aflige, también se compadecerá según su gran misericordia. Porque Él no castiga por gusto, ni aflige a los hijos de los hombres.*
>
> LAMENTACIONES 3:31-33 (BLA)

¿Qué quiere decir esto? ¿Quiere decir que no hay sufrimiento para los hijos de Dios? No.

Quiere decir que no hay sufrimiento que no tenga significado. Si Dios ha permitido el sufrimiento en su vida, es para un propósito. Un propósito bueno. Un propósito santo.

El mundo nos dice que huyamos del sufrimiento, que lo evitemos a toda costa, que clamemos al cielo para que nos lo quite. Muy pocos elegiríamos sufrir. Sin embargo, cuando sabemos que Dios ha permitido el sufrimiento en nuestra vida por un propósito, lo podemos recibir en lugar de correr de él y podemos buscar a Dios en medio del sufrimiento. Aceptar el sufrimiento nos lleva a más profundidad en nuestra devoción.

*Cualquiera que quiera venir conmigo tiene que dejarme guiarlo. Tú no estás sentado detrás del timón —yo lo estoy. No corras del dolor; abrázalo. Sígueme y te mostraré cómo hacerlo. La autoayuda no es ayuda alguna. La abnegación es el camino, mi camino, para encontrarte a ti mismo, a tu verdadera naturaleza. ¿De qué te serviría conseguir todo lo que quieres y perderte a ti mismo, a tu verdadera esencia?*

LUCAS 9:23-25, THE MESSAGE

Jesús está sugiriendo que hagamos más que simplemente aguantar el sufrimiento. Él nos está invitando a que dejemos de sentir lástima por nosotros mismos y que en cambio nos enfoquemos en aprender del sufrimiento. Jesús no sólo nos invita a aceptar el sufrimiento, sino que también nos muestra lo que representa. De acuerdo a Hebreos 5:7-9: "En los días de su vida mortal, Jesús ofreció oraciones y súplicas con fuerte clamor y lágrimas al que podía salvarlo de la muerte, y fue escuchado por su reverente sumisión. Aunque era Hijo, mediante el sufrimiento aprendió a obedecer; y consumada su perfección, llegó a ser autor de salvación eterna para todos los que le obedecen."

Yo me aferré a este versículo en los días de mi sufrimiento más profundo. En este versículo veo que el plan de Dios a veces incluye sufrimiento y muerte. Increíblemente, su plan de redimir al mundo y de hacer un camino para que usted y yo pasemos la eternidad con él incluyó el sufrimiento y la muerte de su propio Hijo. Me ayuda saber que Jesús luchó con ese plan aun mientras se sometió a él.

¿Ha clamado usted a Dios en frustración, con preguntas acerca de cómo puede él tener el poder de sanar y sin embargo elige no sanar a la persona que usted ama? ¿Ha agonizado en un esfuerzo por reconciliar su comprensión de un Dios de amor con Aquel que permitió el accidente, la atrocidad, el abuso? Yo lo he hecho. Y no estamos solos.

Cuando usted gime porque no hay palabras para expresar el dolor, cuando clama a Dios con lágrimas calientes, cuando agoniza sobre su plan que le ha causado tanto dolor, fíjese en Hebreos 5:7-9 y vea que Jesús entiende. Él entiende lo que es clamarle al Padre, quien tiene el poder de hacer otro camino, poner en práctica otro plan . . . pero elige no hacerlo.

En realidad, el profeta Isaías escribió: "Pero el SEÑOR quiso quebrantarlo y hacerlo sufrir" (Isaías 53:10). ¿El Padre *quiso* hacerlo? ¿Cómo puede ser?

La respuesta es que lo que quiso Dios fue lo que se logró con la muerte de Jesús por usted y por mí. Dios quiso demostrar su amor por la raza humana en un sacrificio muy significativo.

Es increíble que el hecho más malvado de la historia haya traído el bien más grande de todos los tiempos. Aunque los que pusieron a Jesús en la cruz tenían el propósito de hacerle daño, Dios lo usó para hacer el bien y para llevar a muchos a sí mismo.

Entonces, la Cruz es el ejemplo por excelencia de la habilidad de Dios de hacer que todas las cosas obren para bien —aun los hechos más malvados que la Oscuridad jamás haya concebido.

Por cierto que si Dios requirió un sufrimiento tan intenso de su propio Hijo, a quien amaba, para lograr un propósito tan santo, él tiene un propósito para su dolor y para mi dolor. Y tal vez parte de ese propósito sea aprender obediencia de lo que sufrimos.

¿Por qué ha permitido Dios tanto sufrimiento en su vida? En última instancia, el propósito no es destruirlo sino moldearlo en una persona que piensa, actúa y se parece a Cristo.[6]

Todas las dificultades —desde la pequeña irritación que produce la rotura de un objeto de cristal hasta el penetrante dolor de una relación rota— han sido permitidas por Dios con el propósito singular y supremo de transformar su carácter a la imagen de su Hijo.

A veces se requiere el dolor para refinar nuestro carácter y para quitar las actitudes egoístas y pecaminosas. El dolor puede hacer eso, o nos puede amargar. Podemos amargarnos cuando no recibimos lo que queremos de la vida.

Cuando asistí a la secundaria, leí un par de libros de un autor llamado Bob Benson. Desde que vivo en Nashville, he tenido el privilegio de trabar amistad con Peggy, la viuda de ese autor. Peggy me vino a visitar cuando Esperanza tenía unas pocas semanas y yo le dije que había estado pensando mucho en una historia que Bob relata en su libro titulado *He Speaks Softly [Habla en Voz Baja].*[7] Él escribe que cada vez que hablaba en un retiro, le pedía a la gente que tomara un pedazo de papel y lo doblara por el medio. Les daba instrucciones de que hicieran una lista en la parte de arriba de cada cosa mala que les había sucedido. Luego les decía que en la parte de abajo del papel hicieran una lista de las mejores cosas que les habían sucedido.

Lo que la gente descubría era que había muchas cosas en la parte superior de la lista que también querían incluir en la lista de la parte inferior de las páginas. Experiencias que habían anotado como las peores cosas que les habían sucedido, a través del tiempo, llegaron a ser algunas de las mejores cosas que les habían sucedido. Eso es porque Dios usa las experiencias dolorosas y difíciles de la vida para nuestro máximo bien. En muchos casos llegan a ser las mejores cosas que jamás nos sucedieron.

Al comienzo de mi travesía, le dije a Dios: "Está bien, si tengo que pasar por esto, entonces dame todo. Enséñame todo lo que me quieres enseñar a través de esto. No permitas que este terrible dolor sea desperdiciado en mi vida." Sé que Dios tiene un propósito para este dolor en mi vida y que es para mi bien supremo. Así que en realidad puedo aceptar mi dolor. ¿Puede creer usted que le puedo dar gracias a Dios por esta experiencia amarga pero significativa? Sí, lo puedo hacer porque sé que Dios es bueno, que permite cosas buenas y malas en nuestra vida y que podemos confiar en él en ambas.

Y creo que Dios tiene un propósito para el dolor en su vida que al final es para su bien, aunque todo a su alrededor parezca malo y se sienta mal.

En lugar de huir de su sufrimiento y tratar de orar para que se vaya, ¿quisiera aceptarlo y buscar a Dios en él?

¿Dejaría que el sufrimiento fuera su maestro para que pueda aprender algo de él que nunca hubiera podido aprender de las situaciones cómodas y fáciles?

¿Estaría dispuesto a aferrarse a la verdad de que para un hijo de Dios no existe el sufrimiento que no tiene significado, y estaría dispuesto a rehusar permitir que el dolor sea desperdiciado en su vida?

*Hermanos míos, considérense muy dichosos cuando tengan que enfrentarse con diversas pruebas, pues ya saben que la prueba de su fe produce constancia. Y la constancia debe llevar a feliz término la obra, para que sean perfectos e íntegros, sin que les falte nada.*

SANTIAGO 1:2-4

DESPUÉS de esto, Job rompió el silencio para maldecir el día en que había nacido. Dijo así: "Que perezca el día en que fui concebido y la noche en la que se anunció: '¡Ha nacido un niño!' Que ese día se vuelva oscuridad; que Dios en lo alto no lo tome en cuenta; que no brille en él ninguna luz. Que las tinieblas y las más pesadas sombras vuelvan a reclamarlo; que una nube lo cubra con su sombra; que la oscuridad domine su esplendor. Que densas tinieblas caigan sobre esa noche; que no sea contada entre los días del año, ni registrada en ninguno de los meses. Que permanezca estéril esa noche; que no haya en ella gritos de alegría.

"¿Por qué no perecí al momento de nacer? ¿Por qué no morí cuando salí del vientre? ¿Por qué hubo rodillas que me recibieran, y pechos que me amamantaran? Ahora estaría yo descansando en paz; estaría durmiendo tranquilo.

"Antes que el pan, me llegan los suspiros; mis gemidos se derraman como el agua. Lo que más temía, me sobrevino; lo que más me asustaba, me sucedió. No encuentro paz ni sosiego; no hallo reposo, sino sólo agitación."

JOB 3:1-7, 11-13, 24-26

# DESESPERACIÓN

Dolor sobre dolor. Dificultad y más dificultad. ¿Describe esto su vida? ¿Por qué es que en medio de una crisis el automóvil se rompe y el refrigerador deja de funcionar? ¿No parece que deberíamos tener un respiro en las irritaciones pequeñas de la vida cuando estamos en medio de una tragedia?

Para muchos de nosotros no es una sola experiencia o circunstancia dolorosa sino problemas que parecen multiplicarse. Puede parecer como una conspiración que tiene el propósito de destruirnos. Y nos sentimos abatidos y desanimados. Nos preguntamos si el sol va a volver a salir alguna vez. Y la desesperación se apodera de nosotros.

Después del nacimiento de Esperanza, mi esposo y yo tomamos una decisión difícil. Sabíamos que ambos tenemos el gen recesivo del síndrome de Zellweger y que un hijo nuestro tendría 25 por ciento de posibilidades de nacer con ese síndrome fatal. Aun cuando pensamos que estaríamos dispuestos a correr el riesgo, sentimos que no podíamos poner a nuestro hijo, Mateo, y a nuestros padres a través de una experiencia tan dolorosa otra vez. Así que tomamos medidas quirúrgicas para prevenir un embarazo futuro.

Evidentemente, ese procedimiento se revertió, porque hoy, mientras escribo este libro, estoy embarazada.

Cuando hicimos ese descubrimiento sorprendente, sentimos una mezcla de emociones. Sentimos miedo cuando consideramos lo que podría haber por delante al tener y luego perder otro hijo. Sentimos un gozo cauteloso al considerar que podríamos tener otro hijo sano para criar y disfrutar.

Pero después de una serie de exámenes prenatales, ahora sabemos que vamos a darle la bienvenida a otro hijo con el síndrome de Zellweger en nuestra familia —esta vez un varón, quien también tendrá una vida muy corta y difícil.

Es muy diferente esta vez, puesto que con Esperanza, no supimos hasta que nació que tenía ese síndrome. No sabíamos lo que sería su vida o su muerte. Esta vez sí lo sabemos. Así que, a medida que anticipamos la llegada de este hijo, anticipamos ambos, el gozo de amarlo y el dolor de perderlo.

Algunos días me pregunto cómo vamos a enfrentar otra pérdida. Todavía me siento abatida por la última tormenta y otra está aproximándose en nuestra dirección. En muchos sentidos, no parece justo.

Me pregunto si así es como se sintió Job. Allí estaba él, en la angustia de perder todas sus propiedades y toda su familia. Y luego le llegaron las llagas. Desde la planta de los pies hasta la coronilla tenía llagas infectadas que le picaban y supuraban.

Me imagino a Job clamando: "Todo esto, ¿y ahora también llagas sobre todo mi cuerpo?"

Tal vez esas llagas fueron la gota que desbordó el vaso, la injusticia final que lo llevó a la desesperación. Él "[maldijo] el día en que había nacido." A ver. Eso no parece muy santo. Pero Job, este hombre piadoso, era honesto, y admitió su desaliento y desesperación.

Francamente, me encanta que aquí vemos al verdadero Job, ¿y a usted? Hasta este punto, él parece casi demasiado perfecto, pero ahora vemos que sufría. Estaba enojado y desilusionado. Y fue honesto acerca de eso con Dios. Su queja a Dios fue amarga. Lo que me encanta aquí es ver que Dios, como respuesta, apreció la honestidad de Job. En realidad, cuando llegamos al final del libro de Job, descubrimos que Dios alabó específicamente a Job por su honestidad —honestidad acerca de sus sentimientos como también su honestidad en cuanto a Dios— mientras que Dios condenó los discursos farisaicos de los amigos de Job.

Job estaba tan desalentado que quería morir.

> *¡Ah, si Dios me concediera lo que pido! ¡Si Dios me otorgara lo que anhelo! ¡Ah, si Dios se decidiera a destrozarme por completo, a descargar su mano sobre mí, y aniquilarme!*
>
> JOB 6:8-9

Y luego agrega estas interesantes palabras:

*Aun así me quedaría este consuelo, esta alegría en medio de mi implacable dolor: ¡el no haber negado las palabras del Dios Santo!*

JOB 6:10

Job no se quitaría la vida, pero quería que Dios se la quitara y Dios no lo hacía. Sin embargo, aun en ese lugar de dolor atroz, Job encontró consuelo en el hecho de que no había negado la Palabra de Dios. Él no se había apartado de Dios.

A veces se siente como que no hay nada que alivie el dolor, ¿no es así? La gente pregunta qué es lo que pueden hacer por nosotros, pero sabemos que no hay nada que puedan hacer para que el dolor desaparezca. En nuestro desaliento, podemos estar tentados a abandonar a Dios y a dejar de orar, preguntándonos: *De todas formas, ¿qué bien nos hace?*

Algunas veces lo que Dios ha permitido en nuestra vida es tan amargo que estamos heridos, enojados y ni siquiera queremos hablar acerca de ello.

Pero ¿adónde nos deja eso?

Nos deja solos. Sin recursos, sin verdad para disipar el dolor y sin esperanza.

La verdad es que no hay consuelo que se pueda encontrar aparte de Dios; por lo menos, no hay un consuelo que dure, que sea profundo y satisfactorio. La venganza, los rituales y el retraernos no traen ningún alivio duradero al dolor. Sólo la verdad de la Palabra de Dios, la ternura con que Dios nos recibe, el toque de su presencia sanadora traen la clase de consuelo que anhelamos. Sólo sus promesas de propósito en esta vida y la perfección en la vida venidera nos ofrecen la clase de esperanza a la que nos podemos aferrar.

¿Se encuentra queriendo abandonar la fe que había reclamado ahora que ha sido puesta a la prueba de la adversidad? Así que, ¿adónde va a ir? En su desaliento, ¿adónde va a encontrar el consuelo que anhela con tanta desesperación?

Podemos encontrar el mismo consuelo que encontró Job en medio de la desesperación total. A pesar de nuestros sentimientos de desaliento, podemos aferrarnos a las promesas de Dios, aferrarnos a lo que sabemos que él es y a la forma en que obra. Aun cuando no entendemos y está tan oscuro que no podemos dar el siguiente paso hacia adelante, podemos elegir mantenernos firmes, continuar confiando, seguir creyendo en la Palabra de Dios.

A medida que mi esposo y yo miramos hacia el futuro, eso es lo que hemos determinado hacer. Hemos pasado por esto antes y conocemos la oscuridad que está a punto de sobrecogernos. Este no es el sendero que hubiéramos elegido, pero es el sendero que Dios ha colocado enfrente de nosotros. Así que, aquí en la oscuridad, emprendemos otra travesía, sabiendo que cada piedra del camino va a llegar con un costo muy grande. Estamos guiados por un profundo deseo de agradar a Dios y por un deseo profundo de descubrir, a lo largo del camino, el corazón de Dios.

En medio de su desesperación, ¿estaría dispuesto a buscar el simple gozo de agradar a Dios y comenzar a ver que las nubes se alejan de su vida?

A pesar de sus preguntas y de su confusión en cuanto a la bondad de Dios, ¿estaría dispuesto a mantenerse firme y a creer en la Palabra de Dios, la cual nos dice que él es nuestro refugio y fortaleza?

¿Estaría dispuesto a decidir continuar hablando con Dios y seguir leyendo su Palabra en medio de su desesperación hasta que él lo saque de la oscuridad a la luz?

*Ni las tinieblas serían oscuras para ti.*

SALMO 139:12

APARTA de mí la mirada; ¡déjame al menos tragar saliva! Si he pecado, ¿en qué te afecta, vigilante de los mortales? ¿Por qué te ensañas conmigo? ¿Acaso te soy una carga?

JOB 7:19-20

# ¿POR QUÉ?

Por qué? *¿Por qué yo? ¿Por qué esto? ¿Por qué ahora?* ¿Hay algunas otras preguntas que continuamente dan vuelta en su mente? Desde lo profundo del alma, ¿no tiene hambre por ver el cuadro total, ver el propósito de su dolor? Mi esposo y yo sí. Hoy nos preguntamos: *¿Por qué otra vez?*

Usted y yo queremos entender por qué estamos sufriendo. Y Job formuló la misma pregunta. Job luchó y le hizo preguntas a Dios en su búsqueda por entender la respuesta a esa gran pregunta que todos nos hacemos cuando nos ocurren cosas malas: *¿Por qué?*

Cuando leemos la historia de Job, vemos que sus amigos tenían toda clase de respuestas para él, aunque ninguna de estas respuestas tenía sentido para Job. No es que Job hubiera dejado de buscar respuestas. Él simplemente sabía que escuchar a sus amigos no le daría la respuesta a sus preguntas. Él necesitaba escuchar a Dios mismo, así que abiertamente le preguntó a Dios. Lo que me sorprende es que Job pudiera cuestionar a Dios tan osadamente y, sin embargo, ¡no pecó! Pero así es como fue.

Es lo mismo para usted y para mí. Dios no tiene inconvenientes con nuestra búsqueda para comprender. Créamelo, yo he estado buscando el propósito en mi dolor. Dios me está mostrando algo, pero no estoy segura de que veré el cuadro total en esta vida. Y tampoco creo que Job lo hiciera.

Job le preguntó a Dios: "¿Por qué?" pero se lo preguntó en un espíritu de sumisión, con plena confianza de que Dios estaba usando el dolor en su vida para un propósito. Job se mantuvo firme en la absoluta confianza de que Dios *tenía* un propósito y esperaba que Dios se lo revelara, por lo menos en parte.

> *¡Que me mate! ¡Ya no tengo esperanza! Pero en su propia cara defenderé mi conducta. En esto radica mi liberación: en que ningún impío comparecería ante él.*
>
> JOB 13:15-16

Un poco después del nacimiento de Esperanza, enviamos una tarjeta a todos nuestros conocidos contándoles acerca de la condición de Esperanza y explicándoles que su vida iba a ser muy corta. Terminamos la nota diciendo: "Nuestro deseo es que Dios sea glorificado en nuestras vidas y en la vida de Esperanza en los próximos meses y años." Por lo que sé de las Escrituras, creo que tenemos la habilidad de darle gloria a Dios por la forma en que enfrentamos día a día las dificultades. Creo que el propósito de la corta vida de Esperanza y el propósito de mi vida es darle gloria a Dios.

Durante varios años, mi esposo y yo hemos sido los narradores del servicio del Viernes Santo en nuestra iglesia. Todos los años leemos el mismo libreto, volviendo a contar la historia de la creación y la redención.

Pero el año en que Esperanza estaba viva, las palabras parecían saltar de la página. Ya no me fue necesario interpretar el total de las Escrituras en mis esfuerzos por entender el propósito de Dios en la vida de Esperanza. Esa noche, lo leí claramente en las propias palabras de Jesús, habladas a sus discípulos y registradas en Juan 9, cuando le preguntaron por qué el hombre había nacido ciego.

> —*Rabí, para que este hombre haya nacido ciego, ¿quién pecó, él o sus padres?*
> —*Ni él pecó, ni sus padres —respondió Jesús—, sino que esto sucedió para que la obra de Dios se hiciera evidente en su vida.*
>
> JUAN 9:2-3

¿Le está preguntado a Dios por qué él ha permitido que usted sufra tanto? Aquí está la respuesta: "Para que la obra de Dios se [haga] evidente en su vida." En lugar de continuar preguntando "¿Por qué?" ¿estaría dispuesto a cambiar su pregunta a: "¿Para qué propósito?"

El propósito en el sufrimiento del hombre ciego, en

el sufrimiento de Esperanza y en el sufrimiento de usted es el mismo: para que la gloria de Dios se haga evidente.

¿Cómo hace usted evidente la gloria de Dios? Al reflejar el carácter de Dios. En lugar de exigir una respuesta, usted decide confiar en él, reconociendo que sus circunstancias proveen una oportunidad sin paralelo para glorificar a Dios cuando confía en el propósito que no puede ver.

Confiar en Dios cuando el milagro no llega, cuando la oración urgente no recibe respuesta, cuando sólo hay tinieblas —esta es la clase de fe que tal vez Dios valora más de todas. Esta es la clase de fe que puede ser desarrollada y exhibida solamente en medio de circunstancias difíciles.[8] Esta es la clase de fe que no puede ser sacudida porque es el resultado de haber sido sacudido.[9]

Aunque su mundo había sido sacudido, vemos que Job todavía estaba firme en su fe. Justo en medio de su preguntas "¿por qué?" Job dijo:

> *Yo sé que mi redentor vive, y que al final triunfará sobre la muerte. Y cuando mi piel haya sido destruida, todavía veré a Dios con mis propios ojos. Yo mismo espero verlo; espero ser yo quien lo vea, y no otro. ¡Este anhelo me consume las entrañas!*
>
> JOB 19:25-27

De alguna manera Job vio el distante futuro y reconoció a la única esperanza que tenemos usted y yo en medio del dolor de esta vida: nuestro sufriente Salvador. Él vio un Redentor. Él vio a Dios en Jesucristo, quien tomaría los pedazos de la vida hecha añicos de Job y haría algo hermoso con ellos.

Job reconoció que el proceso de entender, de responder a la pregunta "¿Por qué?" no sería completado durante el transcurso de su vida —que sólo en la vida venidera, en la presencia de Dios, todo llegaría a estar claro. Y Job continuó caminando en la oscuridad.

¿Estaría dispuesto a dejar de preguntar "¿Por qué?" y en cambio comenzar a preguntar "¿Para qué propósito?"

¿Podría usted consolarse y encontrar confianza en el conocimiento de que aunque los propósitos de su sufrimiento tal vez no se vean, Dios tiene un propósito, y parte de ese propósito es manifestar su obra en la vida de usted?

¿Podría mirar más allá de esta vida y encontrar al Redentor, quien tomará los pedazos de su vida y los transformará en algo hermoso si usted lo invita a que lo haga?

> *Por tanto, no nos desanimamos. Al contrario, aunque por fuera nos vamos desgastando, por dentro nos vamos renovando día tras día. Pues los sufrimientos ligeros y efímeros que ahora padecemos producen una gloria eterna que vale muchísimo más que todo sufrimiento. Así que no nos fijamos en lo visible sino en lo invisible, ya que lo que se ve es pasajero, mientras que lo que no se ve es eterno.*
>
> 2 Corintios 4:16-18

"Yo mismo espero verlo. . . . ¡Este anhelo me consume las entrañas!"

JOB 19:27

# ETERNIDAD

En estos días, ¿se encuentra pensando mucho más en el cielo porque alguien a quien ama está allí, porque parece que usted estará allí pronto, o porque desea escapar del dolor de su vida en la tierra? ¿Se encuentra usted, al igual que Job, *anhelando* el cielo?

Antes de perder a Esperanza, nunca entendí en realidad por qué la gente encuentra tal consuelo al saber que su ser amado está en el cielo, pero ahora lo sé. Cuando usted pierde a alguien que ama, el cielo llega a ser mucho más real, mucho más que un concepto teológico o un cliché teatral.

En medio de su sufrimiento, el deseo más profundo de Job no fue sólo que el sufrimiento terminara, sino que comenzara la eternidad en la presencia de Dios.

Yo he llegado al lugar en el que creo que anhelar el cielo es uno de los propósitos y uno de los privilegios de sufrir y de perder a alguien que se ama. Yo nunca había tenido ese anhelo antes, pero lo tengo ahora. Una parte de mí está allí, ¿sabe? Y demasiado pronto, tendré a dos hijos esperándome allí. Ahora veo de una manera mucho más completa que esta vida no es sino una sombra de nuestra vida verdadera —la vida eterna en la presencia de Dios.

¿Ha notado cómo algunos de los himnos antiguos tienen una estrofa sobre el "cielo," y lo maravilloso que será estar "más allá del sol"? Pero hoy en día ni hablamos ni cantamos tanto sobre el cielo porque no *anhelamos* el cielo —porque estamos muy cómodos aquí.

Tendemos a pensar que esta vida en la tierra es todo lo que existe, y por cierto que vivimos de esa forma mucho de nuestro tiempo. Dios quiere cambiar por completo esa perspectiva. Él quiere que vivamos con una perspectiva eterna, poniendo la vida en esta tierra en su lugar apropiado y viviendo en anticipación de una eternidad en su presencia.

Si en realidad creemos que la vida verdadera, la plenitud del gozo y una vida libre del dolor se encuentran en una eternidad en la presencia de Dios, ¿por qué nos aferramos a esta vida terrenal con tanto vigor?

Yo no quería perder a Esperanza. Me hubiera gustado verla crecer. Me hubiera gustado conocerla de adulta, tener una hija adulta que se pareciera a mí, que hablara como yo y que fuera mi amiga cuando yo fuera anciana. Pero también sé que esta vida está llena de dolor y no creo que sea una tragedia que Esperanza haya tenido la oportunidad de ser librada del mal y del dolor de esta vida, y en cambio estar en la presencia de Dios.

Eso es lo que creo. No es necesariamente cómo *me siento.* Pero mi creencia hace una diferencia en cómo me siento.

Isaías 57:1-2 (RV60) es una porción bíblica que me ha mostrado la perspectiva de Dios y me ha ayudado a cambiar mi perspectiva:

> *Perece el justo, y no hay quien piense en ello; y los piadosos mueren, y no hay quien entienda que de delante de la aflicción es quitado el justo. Entrará en la paz; descansarán en sus lechos todos los que andan delante de Dios.*

No es una tragedia ser llevado rápidamente de esta vida a la vida venidera cuando se va a pasar esa vida en la presencia de Dios. No hay nada que temer. La única tragedia verdadera es una vida que termina sin esperanza de vida eterna en la presencia de Dios. Cuando una persona elige rechazar el don gratuito de vida eterna que Dios le ha ofrecido a través de una relación con su Hijo, esa *sí* que es una tragedia.

¿Se encuentra usted anhelando el cielo cuando está en medio de su dolor o dificultad? Tal vez esa sea parte del propósito en su dolor —una nueva perspectiva, una perspectiva correcta, acerca de la vida en esta tierra y la vida después. Jesús dijo:

> *No se angustien. Confíen en Dios, y confíen también en mí. En el hogar de mi Padre hay muchas*

*viviendas; si no fuera así, ya se lo habría dicho a uste-
des. Voy a prepararles un lugar.*

JUAN 14:1-2

Cuento con eso. Creo que un día no sólo veré a Esperanza y a nuestro hijo otra vez, sino que veré a Dios cara a cara. Eso hace una diferencia en cómo lloro por mi pérdida y en cómo vivo hoy.

¿Estaría dispuesto a elegir darle un valor más alto a la eternidad que al que le da a esta vida?

¿Reconocería que lo que a veces *se siente* como una tragedia en realidad y a luz de la eternidad no lo es?

¿Permitiría que Dios transforme su perspectiva al meditar en las palabras de Dios sobre la eternidad?

*¡Se nos ha proporcionado un vistazo de la cosa real, de nuestro verdadero hogar, de nuestros cuerpos resucitados! El Espíritu de Dios despierta nuestro apetito con una muestra de los que nos espera. Él pone un pedacito del cielo en nuestros corazones para que jamás nos conformamos con menos.*

2 CORINTIOS 5:4-5 (THE MESSAGE)

TRES amigos de Job se enteraron de todo el mal que le había sobrevenido, y de común acuerdo salieron de sus respectivos lugares para ir juntos a expresarle a Job sus condolencias y consuelo. Ellos eran Elifaz de Temán, Bildad de Súah, y Zofar de Namat. Desde cierta distancia alcanzaron a verlo, y casi no lo pudieron reconocer. Se echaron a llorar a voz en cuello, rasgándose las vestiduras y arrojándose polvo y ceniza sobre la cabeza, y durante siete días y siete noches se sentaron en el suelo para hacerle compañía. Ninguno de ellos se atrevía a decirle nada, pues veían cuán grande era su sufrimiento.

JOB 2:11-13

# CONSOLADORES

Al principio de nuestro camino con Esperanza, yo creía que le tendría que ofrecer a la gente mucha gracia, pensando que mucha gente diría las cosas equivocadas. Pero en realidad puedo contar con los dedos de una mano los comentarios que no me hubieran hecho falta.

El primero vino de una mujer que comenzó un largo sermón del cual no recuerdo mucho excepto que incluía la declaración que "era mejor así." A decir verdad, yo quería decirle que se callara la boca.

Luego hubo una muchacha que habló con David. Parece que la gente tiene una tendencia natural de querer que sepamos que se pueden identificar con nuestro dolor, y, por lo general, eso es algo bueno. Eso es lo que ella estaba tratando de hacer. En esos momentos, nosotros estábamos alimentando a Esperanza con un tubo que le pasaba por la garganta para que la leche le llegara directamente al estómago. La joven dijo: "Esto puede parecer insignificante, pero hace poco mi gata se enfermó mucho y yo tuve que darle de comer por un tubo, así que como que sé por lo que usted está pasando." Mi esposo apenas se pudo contener para no decirle: "¿Sabes qué? *Sí,* parece insignificante."

No sé por qué, pero tenemos la tendencia de querer comparar el dolor. Esto es más difícil que eso . . . esto es más fácil que aquello. . . . Creo que me estoy dando cuenta de que en realidad no se puede hacer comparaciones con el dolor. Todo simplemente duele.

Pero a decir verdad, lo más difícil de lidiar con el dolor no ha sido lo que la gente ha dicho sino lo que *no ha* dicho.

Dos semanas antes de la muerte de Esperanza, yo estaba hablando con una mujer cuyo hijo había muerto de un defecto al corazón cuando tenía nueve meses. Ella me dijo que lo más difícil para ella era cuando la gente no le decía nada después de la muerte de su hijo. Dijo: "Yo quería decirles: '¿Cómo pueden incrementar mi dolor ignorándolo?'"

Mi esposo descubrió exactamente cómo se sentía esta mujer la primera vez que fue a su oficina después de la muerte de Esperanza. Él tenía una reunión con alguien que no era de la compañía —con alguien que debería haber sabido, y que probablemente sabía, que Esperanza había muerto. Él entró a la oficina de mi esposo hablando hasta por los codos, pero no dijo nada en cuanto a nuestra pérdida. Esa fue la primera de muchas veces que experimentamos el dolor de las palabras no pronunciadas.

Yo he tratado de no juzgar muy duramente, porque sé

que he hecho lo mismo. Sé que hubo veces en que he evitado a las personas que estaban sufriendo, por temor a hablar de la situación o de decir las palabras incorrectas. Pero principalmente, porque quería evitar la incomodidad de la situación. Espero no hacerlo de nuevo, pero estoy segura de que lo he hecho más veces de lo que me gustaría admitir.

Puedo pensar en las muchas veces que finalmente fui a la tienda y compré la tarjeta perfecta, la cual quedó olvidada mi cómoda porque nunca la envié. A medida que pasó el tiempo, no la envié porque sentía vergüenza de haber dejado pasar tanto tiempo. Creo que esperaba que la persona que estaba sufriendo no notara que no me había comunicado con ella. Pero ahora he aprendido que el esfuerzo de cada persona de reconocer mi pérdida —sin importar lo pequeño que sea, sin importar el tiempo que haya pasado— es significativo y recordado.

La mayoría de los que han tenido el valor y la amabilidad de expresar su pesar por nosotros lo ha hecho bellamente, aun si todo lo que pudiera decir fue: "En realidad no sé qué decir."

A través de la historia de Job, leemos que él no sólo tuvo que lidiar con su sufrimiento sino también con la respuesta de sus amigos, los que, en muchas formas, *aumentaron* su sufrimiento.

Los amigos de Job le echaron la culpa, pontificaron, sondearon. Pero ¿sabe qué? Creo que estaban haciendo lo mejor que podían. Al principio vemos que vinieron a él, lloraron y se lamentaron con él en silencio. Pero luego cometieron el primer error —comenzaron a hablar. Y no sabían de lo que estaban hablando.

> *Elifaz de Temán [le dijo a Job]: "Tal vez no puedas aguantar que alguien se atreva a decirte algo, pero ¿quién podría contener las palabras?"*
>
> JOB 4:1-2

Cuando enfrentamos situaciones difíciles, parte de la dificultad está en lidiar con los que se encuentran a nuestro alrededor, algunos de los cuales tratan de explicar a Dios sin saber de lo que hablan. (¿Le suena familiar?)

Me gusta la forma en que Eugene Peterson parafrasea la respuesta de Job a las críticas de sus amigos. Él les dice: "He recibido todo lo que puedo soportar de sus peroratas. ¡Qué grupo de consoladores terribles!" (Job 16:1-2, THE MESSAGE).

Lejos de tener un grupo de consoladores terribles, yo he sido bendecida con muchas personas que no sólo supieron qué decir, sino que también demostraron, de muchas formas creativas, que nos amaban. Quiero mencionar a Joanna, quien trabajó para conseguir el arreglo floral perfecto para el ataúd de Esperanza. Su plan era hacer una corona con esas flores para mí, pero en los días que siguieron al servicio me di cuenta de que el mirar las flores que se marchitaban era una figura dolorosa de lo que le estaba sucediendo al cuerpo de Esperanza en la tumba. Así que la llamé y ella vino y se deshizo de todas las flores marchitas que había en mi casa. Nuestra amiga Jan nos llevó en un crucero por el río en su hermoso bote. Lori permitió que yo hablara y llorara. Ella me abrazó mientras yo lloraba después de haber sacado del automóvil el asiento de Esperanza por última vez. Mary Grace estableció un horario para que la gente viniera a nuestra casa y ayudara con las tareas del hogar o que simplemente se sentara y acunara a Esperanza. Mary Bess organizó comidas para nosotros a través de toda la vida de Esperanza y en los meses que siguieron a su muerte. Sue enseñó el estudio bíblico del cual aprendí tanto que me ayudó a través de la crisis. Mi amiga Ángela me escuchó expresar mi tristeza y lamentos más profundos. Marty vino a media noche cuando la llamé porque Esperanza no dejaba de llorar. Ella vino a media noche cuando la llamé para decirle que Esperanza había muerto. Marty vino cuando yo no tenía las fuerzas para limpiar sola el cuarto de Esperanza.

Estas son sólo unas pocas de las amigas que estuvieron a mi lado.

Pero no les diría la verdad si no mencionara que también tengo amigas que desaparecieron. Amigas que estaban demasiado ocupadas y que parecían no querer —o tal vez no sabían cómo— demostrarme su amor. Le he tenido que pedir a Dios que haga una obra en mí para perdonarlas y aceptar sus limitaciones.

Me pregunto cómo pudo superar Job todas las acusaciones que sus amigos le hicieron. Debe de haber ayudado el que Dios haya expresado su propio enojo:

*Después de haberle dicho todo esto a Job, el Señor se dirigió a Elifaz de Temán y le dijo: "Estoy muy irritado contigo y con tus dos amigos porque, a diferencia de mi siervo Job, lo que ustedes han dicho de mí no es verdad. Tomen ahora siete toros y siete carneros, y vayan con mi siervo Job y ofrezcan un holocausto por ustedes mismos. Mi siervo Job orará por ustedes, y yo atenderé a su oración y no los haré quedar en vergüenza. Y conste que, a diferencia de mi siervo Job, lo que ustedes han dicho de mí no es verdad."*

*Elifaz de Temán, Bildad de Súah y Zofar de Namat fueron y cumplieron con lo que el Señor les había ordenado, y el Señor atendió a la oración de Job.*

*Después de haber orado Job por sus amigos, el Señor lo hizo prosperar de nuevo y le dio dos veces más de lo que antes tenía.*

Job 42:7-10

Miro el ejemplo de Job y veo que él oró por sus amigos y que "el Señor atendió a la oración de Job" (Job 42:9).

Encuentro un poco raro que las instrucciones de Dios a Job fueran que él debía orar por sus amigos, hasta que me doy cuenta de lo difícil que es para mí no perdonar a alguien por quien estoy orando. Me pregunto si fue por eso que Dios le dio a Job esas instrucciones.

Si usted y yo queremos estar libres de la amargura que nos aparta de otras personas y que carcome nuestra propia lucha por encontrar gozo de nuevo, vamos a tener que perdonar y orar por los amigos que nos han fallado. Tal vez no lo merezcan. En realidad, probablemente no lo merecen. Pero no perdonamos a las personas porque lo merezcan; las perdonamos porque Dios nos ha perdonado por muchas cosas y porque queremos mantenernos en una relación íntima con Dios. Y el beneficio es que a través del perdón somos liberados. Cuando podemos aceptar lo que otros tienen para ofrecer en nuestro tiempo de sufrimiento, así como también sus limitaciones, ya no estamos atados por nuestras expectativas o amargados por nuestras desilusiones en cuanto a ellos.

¿Ha estado rodeado por un grupo de terribles consoladores en su sendero de sufrimiento? ¿Estaría dispuesto a orar por ellos para que Dios lo pueda librar del espíritu de no perdonar que lo ha atado en nudos?

¿Está dispuesto a actuar con gracia hacia los que dicen cosas incorrectas o que no dicen nada en absoluto?

¿Aprenderá de los errores así como también del ejemplo de otros para llegar a ser la clase de consolador que alivia el dolor de otras personas?

> *[Dios] nos consuela en todas nuestras tribulaciones para que con el mismo consuelo que de Dios hemos recibido, también nosotros podamos consolar a todos los que sufren. Pues así como participamos abundantemente en los sufrimientos de Cristo, así también por medio de él tenemos abundante consuelo.*

*Si sufrimos, es para que ustedes tengan consuelo y salvación; y si somos consolados, es para que ustedes tengan el consuelo que los ayude a soportar con paciencia los mismos sufrimientos que nosotros padecemos. Firme es la esperanza que tenemos en cuanto a ustedes, porque sabemos que así como participan de nuestros sufrimientos, así también participan de nuestro consuelo.*

2 Corintios 1:4-7

EL SEÑOR le respondió a Job desde la tempestad. Le dijo:

"¿Quién es éste, que oscurece mi consejo con palabras carentes de sentido? Prepárate a hacerme frente; yo te cuestionaré, y tú me responderás.

"¿Dónde estabas cuando puse la bases de la tierra? ¡Dímelo, si de veras sabes tanto! ¡Seguramente sabes quién estableció sus dimensiones, y quién tendió sobre ella la cinta de medir! ¿Sobre qué están puestos sus cimientos, o quién puso su piedra angular mientras cantaban a coro las estrellas matutinas y todos los ángeles gritaban de alegría?"

JOB 38:1-7

# MISTERIO

Silencio. A veces lo que nos causa más dolor y confusión no es lo que Dios nos dice sino el hecho de que en medio de la dificultad parece que no nos dice nada. ¿Ha guardado Dios silencio en su vida mientras usted esperaba respuestas?

Eso fue lo que le sucedió a Job. Él quería escuchar a Dios. Quería entender por qué estaba sufriendo. Él quería que Dios lo reivindicara. "Que me responda el Todopoderoso," dijo (Job 31:35).

Finalmente, después de todas las preguntas y luchas, en una voz desde una tormenta, Dios le habló.

Dios le preguntó a Job dónde había estado cuando él había comenzado la obra de la Creación. ¿Qué había hecho Job para hacer que el universo existiera, para crear su propia vida, o hacer posible la existencia de sus posesiones o de sus hijos o de su salud?[10]

Tal vez usted espere que Dios habría respondido a todos esos capítulos de preguntas de Job y de sus amigos, que habían estado disertando elocuentemente acerca de

Dios y de cómo él obra. Tal vez piense que Dios habría dejado todo aclarado, hasta los aspectos más sutiles. Pero no lo hizo. Dios respondió a las preguntas de Job con su propio conjunto de preguntas —que abarcan cuatro capítulos—, básicamente recordándole a Job que él estaba cuestionando al Dios Todopoderoso.

Dios no dio explicaciones. Él no reveló su plan maestro. En cambio, se reveló a sí mismo, y en medio de la maravillosa presencia de Dios, las preguntas de Job no fueron contestadas —simplemente desaparecieron.[11]

*El Señor dijo también a Job: "¿Corregirá al Todopoderoso quien contra él contiende? ¡Que le responda a Dios quien se atreva a acusarlo!"*

*Entonces Job le respondió: "¿Qué puedo responderte, si soy tan indigno? ¡Me tapo la boca con la mano! Hablé una vez, y no voy a responder; hablé otra vez, y no voy a insistir."*

JOB 40:1-5

En su respuesta, Dios no explicó el sufrimiento ni la forma de evitarlo. El sufrimiento es un misterio . . . y Job llegó a respetar ese misterio.[12] Job llegó a entender que debido a que sabía *quién es Dios,* él podía aceptar *lo que da Dios* —aun cuando no lo entendiera.

Dios no eligió revelarle todo a Job. Tampoco él nos revela todas las cosas a nosotros. Y la verdad es que no tiene que hacerlo. Él es Dios. Es el Creador y nosotros somos los creados. Dios no nos debe una explicación.

¿Y qué si Dios lo hubiera revelado todo? ¿Qué si él hubiera explicado su plan y propósito completo para el sufrimiento de Job? Tendemos a pensar que si sólo supiéramos por qué estamos sufriendo, lo podríamos soportar. Pero ¿es cierto eso?

De alguna forma creo que aunque Dios anotara todas las razones por las cuales él ha permitido que usted perdiera a su ser amado, contrajera la enfermedad, o sufriera rechazo, todavía, desde su perspectiva limitada, no le parecería algo que valiera la pena. En cambio, él amplía nuestra perspectiva dándonos un vistazo de su habilidad de manejar el universo en contraste con nuestro limitado entendimiento y experiencia.

Job no tenía idea de que él era un participante en una confrontación cósmica. A medida que leemos esta antigua historia, nos enteramos del trato hecho entre Dios y Satanás, pero Job no tenía este contexto para su sufrimiento. Él no tenía idea de que su fidelidad en dificultades tan extremas tenía tanta importancia. Pero la tuvo. Job nos enseña que *nuestra* respuesta a las pruebas también es importante. Al igual que Job, a menudo no podemos ver los propósitos ocultos de Dios. Pero sin embargo, podemos determinar ser fieles y mantenernos caminando hacia él en la oscuridad.

Nuestra tarea no es descifrar exactamente la forma en que encajan todas las piezas de la vida y todo lo que significan, sino permanecer fieles y obedientes a Dios, quien sabe todos los misterios. Esa es la clase de fe que le agrada a Dios —una fe que está determinada a confiar en él cuando no ha respondido a todas nuestras preguntas, cuando no hemos escuchado su voz desde la tempestad.

¿Estaría dispuesto a estar quieto y a escuchar la voz de Dios que le habla a través de su Palabra, tal vez no contestándole la pregunta "¿Por qué?" sino revelándole al sumo "Quién"?

¿Estaría dispuesto a descansar sabiendo que hay misterios que nunca entenderemos completamente en esta vida y a tratar de dejar de explicar al inexplicable Dios?

¿Estaría dispuesto a confiar en Dios y a continuar creyendo que él tiene un plan y un propósito, a pesar de lo oscuro que se ve el futuro?

JOB respondió entonces al SEÑOR. Le dijo:

"Yo sé bien que tú lo puedes todo, que no es posible frustrar ninguno de tus planes. '¿Quién es éste?' has preguntado, 'que sin conocimiento oscurece mi consejo?' Reconozco que he hablado de cosas que no alcanzo a comprender, de cosas demasiado maravillosas que me son desconocidas.

"'Ahora escúchame, que voy a hablar,' dijiste; 'yo te cuestionaré, y tú me responderás.'"

JOB 42:1-4

# SUMISIÓN

Cuando Esperanza tenía más o menos un mes, la secretaria de la iglesia me llamó y me dijo que estábamos en la lista de oración que se envía a todos los miembros de la iglesia. Le estaban pidiendo a la gente que orara para que Dios hiciera un milagro y sanara a Esperanza. Yo le dije a ella: "Esa no es la forma en que nos sentimos guiados a orar." No le pedimos a Dios eso. No parecía lo correcto. O tal vez teníamos miedo de orar de esa forma, de esperar eso, cuando el diagnóstico parecía tan firme y tan sombrío.[13]

En esas primeras semanas, me pareció que Dios me hablaba claramente —aunque no lo hizo en una voz audible. Nunca lo había escuchado así. Él me habló a través de las Escrituras.

En mi estudio bíblico, un par de semanas después del nacimiento de Esperanza, estudiamos la historia de Agar, quien había huido de Abram y de Saray debido al duro tratamiento que le había dado Saray. Agar quería escapar de su situación difícil, pero Dios le habló en el desierto diciéndole "Vuelve . . . y sométete" (Génesis 16:9). La líder de mi estudio bíblico preguntó: "¿A qué los está llamando Dios a someterse?" Yo sabía que Dios me estaba llamando a someterme a la jornada que estábamos enfrentando con Esperanza —no a resistirla o clamar a él para que la cambiara, sino a someterme a su plan y a sus propósitos.

Al mismo tiempo, en la escuela dominical estábamos hablando acerca del relato bíblico del ángel que vino a María para decirle que daría a luz un hijo. ¿Cómo respondió esta "favorecida"? "Aquí tienes a la sierva del Señor. . . . Que él haga conmigo como me has dicho" (Lucas 1:38). María se sometió, aun cuando lo que Dios había traído a su vida, desde la perspectiva de una doncella judía de trece años de edad, debe haber parecido un desastre.

De nuevo sentí un llamado a someterme al plan que Dios había colocado delante de nosotros y a caminar a través de dicho plan de una forma que le trajera gloria, una forma que sería un ejemplo de lo que significa confiar en él en medio del dolor, la dificultad y la desilusión.

Para mí, la sumisión ha significado una aceptación quieta, aunque dolorosa, del plan de Dios y del tiempo de Dios. Significó abandonar los planes que yo tenía para mi hija, para mi familia, para mi vida y someterlos a la voluntad de Dios.

Quisiera que hubiera sido una decisión de una sola

vez, un sacrificio de una sola vez. Pero a través de la vida de Esperanza, mientras su condición fue deteriorándose lentamente, en los días de intenso dolor que siguieron a su muerte y a medida que hemos caminado a través de los largos nueve meses de este nuevo embarazo, el llamado a la sumisión no ha cesado, y no se ha vuelto más fácil. Todos los días, a medida que dejo mis sueños y mis deseos, mientras veo a niñitas de la edad que habría tenido Esperanza, que les traen sonrisas a los rostros de sus mamás y sus papás, mientras hago planes para otro hijo que sólo estará con nosotros por un corto tiempo, otra vez más se me hace el llamado a la sumisión. Algunos días respondo mejor que en otros.

Pero debido a que creo que los planes de Dios para mí son mejores de lo que yo planearía para mí misma, en lugar de alejarme corriendo del camino que él ha establecido para mí, quiero correr hacia él. No quiero tratar de cambiarle la mente a Dios —sus pensamientos son perfectos. Quiero tener sus pensamientos. No quiero cambiar el tiempo de Dios —su tiempo es perfecto. Quiero la gracia de Dios para amoldarme a su tiempo. No quiero cambiar el plan de Dios —su plan es perfecto. Quiero aceptar su plan y ver cómo él es glorificado por eso. Quiero someterme.

Sé que ha sido muy difícil para algunas personas alrededor de nosotros entender por qué no hemos clamado al cielo pidiendo sanidad. ¿Es porque creemos que es demasiado difícil para Dios? En absoluto. Dios puede hacer cualquier cosa.

A menudo, veo al cuerpo de Cristo poner mucho en buscar a Dios para la sanidad. Con gran valor, pasión y persistencia clamamos a Dios, rogando por sanidad física. Y en esas oraciones, a menudo hay una pequeña posdata en la cual decimos: "Si es tu voluntad."

¿Pero no deberíamos hacerlo al revés?

Quizás deberíamos clamar a Dios con osadía, pasión y persistencia en una oración que dice: "Dios, por favor, que se cumpla tu voluntad. Dame un corazón dispuesto para aceptar *tu* plan y *tu* propósito? Moldéame en una vasija que puedas usar para lo que tienes en mente." Y entonces, tal vez podríamos incluir una pequeña posdata que dijera: "Si eso incluye la sanidad, estaremos agradecidos."

¿No se revela más la verdadera fe buscando a Dios y lo que él quiere que buscando lo que queremos nosotros?

Al final de la historia de Job comenzamos a vislumbrar la forma en que Dios usó el dolor en la vida de Job. Yo creo que eso es lo mismo que Dios quiere hacer con el dolor que usted y yo experimentamos en la vida.

Después de todas las lágrimas, después de todas las preguntas, Dios se reveló a sí mismo como soberano sobre toda la Creación y Job reconoció la autoridad de Dios sobre el universo y la autoridad de Dios sobre su vida. Él llegó a un lugar de sumisión a la soberanía de Dios.

Si queremos encontrar el camino al corazón de Dios en la senda del sufrimiento, nosotros también debemos someternos a la soberanía de Dios, diciendo en efecto:

"Sí, Señor. Tú eres el que manda. Te pertenezco a ti. Tú puedes hacer lo que quieras hacer."

Jesús mismo es el ejemplo perfecto de sumisión. En Filipenses 2, Pablo nos dice:

> *La actitud de ustedes debe ser como la de Cristo Jesús, quien, siendo por naturaleza Dios, no consideró el ser igual a Dios como algo a qué aferrarse. Por el contrario, se rebajó voluntariamente, tomando la naturaleza de siervo y haciéndose semejante a los seres humanos. Y al manifestarse como hombre, se humi-lló a sí mismo y se hizo obediente hasta la muerte, ¡y muerte de cruz!*
>
> FILIPENSES 2:5-8

A menudo escuchamos a la gente hablar acerca de la "vida cristiana victoriosa." ¿Pero no es la vida de un creyente más acerca de doblar las rodillas, humillarnos y tomar nuestra cruz? Jesús dijo que lo es.

> *Si alguien quiere ser mi discípulo, tiene que negarse a sí mismo, tomar su cruz y seguirme.*
>
> MATEO 16:24

Yo no sé cómo se verá la cruz para usted. Sólo sé que llevarla requerirá la muerte de sus deseos y de sus sueños. Y sé que no será fácil.

Pero también sé que a medida que usted muere a sí mismo, la vida de Dios se arraigará y crecerá dentro de usted. A medida que muere a sus sueños, los sueños de él pueden florecer.

La sumisión a la soberanía de Dios significa doblar las rodillas, ya sea que entendamos o no, ya sea que lo hayamos descifrado, ya sea que estemos de acuerdo o no. En esa sumisión, encontramos la fuerza y la gracia para seguir adelante. Y aun encontramos gozo en la jornada.

Yo tenía razón cuando le dije a nuestro pastor que esta era la hora de la verdad —el lugar donde en realidad descubro si creo lo que digo que creo. Y lo he hecho. Al igual que Job, yo he llegado a un lugar de sumisión a la soberanía de Dios. No simplemente digo que creo en la soberanía de Dios; *realmente* creo en ella. Creo que Dios nos unió a David y a mí, con nuestros genes recesivos de Zellweger, y que hace mucho tiempo él sabía que tendríamos una preciosa hija llamada Esperanza. Él sabía que ella tendría una vida corta pero llena de propósito. Y si yo puedo confiarle todas las cosas que él ha traído a mi vida que considero "buenas," también puedo confiar en él en cuanto a esto, sabiendo que sus propósitos son para mi máximo bien.

Cuando llegamos a esos lugares difíciles, descubrimos el beneficio verdadero de caminar con Dios y de buscar una relación íntima con él cuando no hay ninguna tragedia que nos impulse a ir a él. Sabe, cuando conocemos a Dios, cuando conocemos su carácter por medio del estudio de su Palabra, podemos confiar en él. No resentimos su soberanía, su autoridad, su plan. Podemos aceptarlo. Podemos descansar en él.

¿A qué lo está llamando Dios hoy a que se someta? ¿Es una situación difícil, una persona exigente, un sueño no realizado, una separación, una limitación, una pérdida? ¿Está dispuesto a someterse?

¿Quisiera examinar su corazón y su vida buscando áreas que todavía no ha puesto totalmente bajo la autoridad de Dios?

¿Estaría dispuesto a comenzar hoy mismo a conocer mejor a Dios por medio de su Palabra para poder descansar en su soberanía como también en su amor por usted?

*Padre nuestro que estás en el cielo, santificado sea tu nombre, venga tu reino, hágase tu voluntad en la tierra como en el cielo.*

MATEO 6:9-10

"DE oídas había oído hablar de ti, pero ahora te veo con mis propios ojos. Por tanto, me retracto de lo que he dicho, y me arrepiento en polvo y ceniza." . . .

El SEÑOR bendijo más los últimos años de Job que los primeros, pues llegó a tener catorce mil ovejas, seis mil camellos, mil yuntas de bueyes y mil asnas. Tuvo también catorce hijos y tres hijas. . . .

Después de estos sucesos Job vivió ciento cuarenta años. Llegó a ver a sus hijos, y a los hijos de sus hijos, hasta la cuarta generación. Disfrutó de una larga vida y murió en plena ancianidad.

JOB 42:5-6, 12-13, 16-17

# INTIMIDAD

Así que hemos llegado al final de la historia de Job. Y tal vez usted se esté preguntando si valió la pena para Job. Tal vez también se esté preguntando si todo su sufrimiento ha valido todo lo que le ha costado a usted. Hay sólo una cosa que puede hacer que valga la pena. Es en lo que yo estoy contando cuando digo sí al sufrimiento que Dios ha permitido y que está permitiendo en mi vida —la misma cosa que hizo que valiera la pena para Job.

La vida de Job como él la conocía había terminado. Su propiedad había sido destrozada, sus hijos habían muerto y él todavía estaba cubierto de costras. Había llegado hasta el fondo, anhelando la muerte, anhelando respuestas, anhelando restauración. Su esposa y sus amigos no le habían provisto ningún consuelo.

Pero finalmente Dios habló, y cuando Dios se reveló a sí mismo en la tormenta, Job se dio cuenta de que aunque él había temido y seguido a Dios, en realidad no había conocido a Dios. Sin embargo, a través del sufrimiento,

Dios se le había revelado a Job de una manera inconfundible e íntima. Job reconoció que aunque él había sabido mucho acerca de Dios antes, ahora él conocía a Dios de una forma nueva y más significativa que transformaría el resto de su vida.

Cuando Job dijo: "De oídas había oído hablar de ti, pero ahora te veo con mis propios ojos," él estaba diciendo: "Yo sabía acerca de ti, pero lo sabía intelectualmente. ¡Ahora te conozco porque te he *experimentado* por mí mismo! Esto no es sólo leer o escuchar acerca de ti; ¡ahora en realidad te conozco!"

Una cosa es creer que Dios es fiel y que va a suplir todas sus necesidades —aun en los momentos de más oscuridad. Otra cosa es *experimentarlo*. En los días más oscuros, hemos experimentado una fuerza sobrenatural que sólo podía venir de Dios. Tal vez usted también la ha experimentado.

Mi esposo tiende a ser pesimista. No sólo ve el vaso medio vacío, sino que está seguro de que lo que queda se va a derramar por todos lados en cualquier momento. David dice que siempre ha temido una tragedia en su vida.

Pero dice que ahora que la tragedia ha llegado, el temor ha desaparecido. Ahora que él ha experimentado su temor más grande, y ha experimentado la suprema fidelidad de Dios hacia nosotros a través de esta dificultad, ya no le teme a la tragedia en nuestras vidas. Conocemos a Dios más profundamente porque lo hemos experimentado más profundamente a través de nuestro dolor.

El apóstol Pablo también experimentó lo que es saber *acerca* de Dios y luego *conocer* a Dios. Conocer a Dios y desarrollar una relación intima con él llegó a ser el foco de su vida y le dio propósito a su sufrimiento. En su carta a los Filipenses, Pablo escribió:

> *Es más, todo lo considero pérdida por razón del incomparable valor de conocer a Cristo Jesús, mi Señor. Por él lo he perdido todo, y lo tengo por estiércol, a fin de ganar a Cristo y encontrarme unido a él. No quiero mi propia justicia que procede de la ley, sino la que se obtiene mediante la fe en Cristo, la justicia que procede de Dios, basada en la fe. Lo he perdido todo a fin de conocer a Cristo, experimentar el poder que se manifestó en su resurrección, participar en sus sufrimientos y llegar a ser semejante a él en su muerte. Así espero alcanzar la resurrección de entre los muertos.*
>
> FILIPENSES 3:8-11

Al igual que Job, Pablo descubrió un nuevo lugar de intimidad con Dios a través de su severo sufrimiento. Y es únicamente a través del sufrimiento que podemos encontrar nuestro camino al corazón de Dios. En realidad, no hay otra senda que nos pueda llevar allí.

Es cuando más sufrimos que corremos hacia Dios. Reconocemos que somos impotentes y que él es poderoso. Oramos y lo vemos más claramente porque lo estamos buscando con desesperación.

Y en nuestra búsqueda de él, encontramos que es más amoroso y fiel de lo que lo habíamos visto antes. Descubrimos una intimidad que nunca antes habíamos experimentado, tal vez porque lo estamos buscando tan intensamente. Ese siempre es el propósito de Dios: usar los medios que él ve apropiados para traernos a una relación más íntima con él, crear en nosotros una fe que nos mantendrá aferrándonos a la esperanza —no un leve deseo o una esperanza de que todo se va a arreglar en esta vida, sino a la esperanza bíblica verdadera de que un día veremos lo que no se ve. Esta fe es confianza en un futuro eterno en el cual Dios pone todas las cosas como deben ser.

¿Era ese el propósito de Dios en la vida de Job, o permitió todos los sufrimientos de Job sólo para probarle a Satanás que Job en realidad le temía a Dios? ¿Era Job una simple pieza de ajedrez en un juego entre Dios y Satanás?

No. El final de Job fue mejor que su comienzo, y no se debió a que prosperó más materialmente. Tampoco fue porque tuvo más hijos. (Yo no creo que más hijos hubieran aliviado el sufrimiento por los diez que perdió.) Job fue bendecido a través de su quebrantamiento por su incesante búsqueda de Dios. Él obtuvo una relación nueva, más íntima con Dios que nunca podría haber encontrado sin el dolor y el sufrimiento.

Y Dios tiene el mismo propósito para usted y para mí si nuestra meta es buscarlo a él.

Para descubrir realmente el corazón de Dios, lo único que necesitamos es elevar los ojos de nuestras circunstancias y mirar a la Cruz. Es allí, cuando miramos a nuestro Salvador sufriente, que vemos el corazón del Padre —un Padre amoroso "que no escatimó ni a su propio Hijo, sino que lo entregó por todos nosotros" (Romanos 8:32). Cuando miramos a la Cruz y al enorme sufrimiento que representa, por nosotros, reconocemos que Dios no sólo entiende nuestro sufrimiento, sino que él *eligió* sufrir para llevarnos más cerca de sí mismo. "Porque Cristo murió por los pecados una vez por todas, el justo por los injustos, a fin de llevarlos a ustedes a Dios. Él sufrió la muerte en su cuerpo" (1 Pedro 3:18).

¿No le gustaría llegar a su hogar?

En lugar de resentir o de huir de su sufrimiento, ¿estaría dispuesto a buscar a Dios en él?

¿Permitiría que el sufrimiento lo llevara al mismo corazón de Dios, el lugar en el cual puede hallar el consuelo y la paz que anhela así como también la esperanza que tiene el poder de transformar sus mañanas?

Dios quiere traerlo a un lugar en el cual usted pueda decir: "No sólo he escuchado de ti, ¡te he visto! Te conozco." Y tal vez él ha usado el dolor para llevarlo a ese lugar.

Dios no quiere usar las dificultades en su vida ni para castigarlo ni para herirlo, sino para traerlo hacia él.

¿Irá hacia él?

> *Vengan a mí todos ustedes que están cansados y agobiados, y yo les daré descanso.*
>
> Mateo 11:28

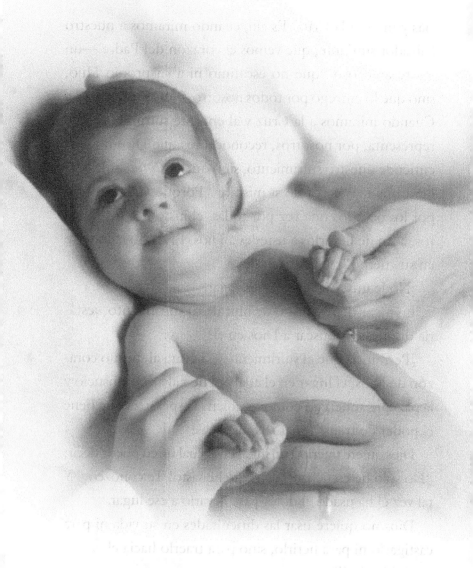

**Esperanza Lauren Guthrie**

23 de noviembre de 1998—9 de junio de 1999

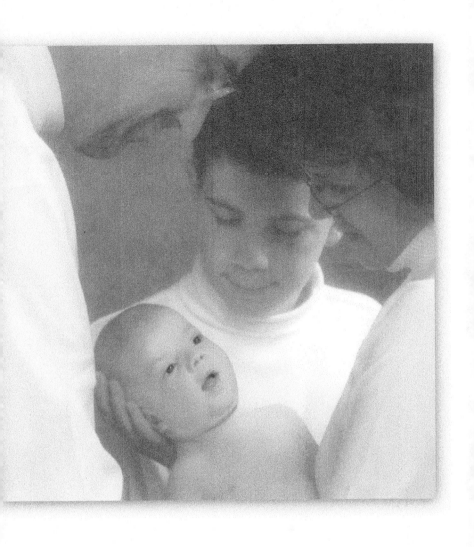

Gabriel Johnson Guthrie

16 de julio de 2001—15 de enero de 2002

# EPÍLOGO

## EL MENSAJE DE GABRIEL
### *20 de enero de 2002*

> *Y mientras yo seguía orando, el ángel Gabriel, a quien había visto en mi visión anterior, vino en raudo vuelo a verme y me hizo la siguiente aclaración: "Daniel, he venido en este momento para que entiendas todo con claridad."*

DANIEL 9:21-22

El 16 de julio de 2001, fuimos al hospital con varias posibilidades en cuanto a un nombre para nuestro hijo que nacería ese día. Creo que sentíamos un poco de presión. Queríamos que su nombre fuera tan importante y significativo como Esperanza había sido para nuestra hija. Y después de su nacimiento sin complicaciones, un nombre fácilmente se elevó a la cabeza de la lista —Gabriel. Ese día, David envió un correo electrónico a los amigos y familiares que explicaba nuestra elección. Él dijo:

> *Elegimos ese nombre porque creemos que él, al igual que el ángel Gabriel, es enviado por Dios, y protegido por Dios. No nos sorprenderemos si tiene mensajes celestiales para nosotros, si los escuchamos. Y significativamente, cada vez que Gabriel apareció en la*

*Biblia, él le dio confianza a su sorprendida audiencia con: "¡No teman!"*

Gabriel nos dejó hace unos pocos días; le faltaba un día para tener seis meses. Él parecía más fuerte de lo que había sido Esperanza, y pensamos que lo tendríamos aquí más tiempo. Pasamos los días disfrutándolo, amándolo, cuidándolo, y luego, calladamente, se fue de nuestro lado. Y de nuevo, volvimos a ser una familia de tres, con Esperanza y Gabriel que ahora nos esperan en el cielo. Mientras escribo esto, las lágrimas todavía no han comenzado. Pero sé que van a llegar. A estas alturas, cuando pienso en él, simplemente sonrío. Qué sorpresa dulce y preciosa fue él.

Y a través de los cortos seis meses de su vida, nos hemos preguntado: *¿Cuál fue su mensaje?*

Creo que han sido muchos mensajes. Uno tendría que haber sido: Dios está a cargo de la concepción. Nos gustaría pensar que tenemos la palabra final en cuanto a si tenemos o no tenemos un hijo. Una y otra vez en las Escrituras leemos que Dios "le hizo estéril," Dios "le dio hijos." Bueno, no necesito que nadie me explique cómo se procrea la vida; lo entiendo bien, pero la vida misma de Gabriel dice: "Dios hace a los bebés."

Gabriel, al igual que su hermana, Esperanza, nos dijo que el significado de una vida no se mide por su longitud o por lo que una persona puede lograr o contribuir. Gabriel dijo: "Los hijos son una bendición de Dios." Esa bendición viene en diferentes formas —algunas gozo-

sas, algunas frustrantes, algunas decepcionantes, algunas
encantadoras, algunas arrebatadoras, algunas esperadas,
algunas inesperadas —pero todas son una bendición.

Gabriel nos dijo que Dios usa lo débil del mundo para
avergonzar a los poderosos (1 Corintios 1:27). Él nos mostró que Dios puede usar a un niño que no podía ver o escuchar o hablar para comunicar las verdades más importantes
del universo al mundo entero.* Si Dios puede hacer eso, tal
vez él nos pueda usar a usted y a mí para cumplir sus propósitos en nuestro lugar en el mundo si nos rendimos a él.

Pero creo que hay un mensaje que es supremo. Es el
mismo mensaje que el ángel Gabriel trajo las tres veces
que apareció en la Biblia.

En el libro de Daniel, en el Antiguo Testamento, Dios
envió al ángel Gabriel, instruyéndole que le explicara a
Daniel el significado de una visión. Gabriel le dijo a Daniel:
"He venido en este momento para que entiendas todo con
claridad" (Daniel 9:22). Gabriel explicó las imágenes en el
sueño y la futura restauración del pueblo de Dios, la cual
incluía la venida del "príncipe elegido" —Jesús.

Luego, en Lucas 1, Gabriel se le apareció a Zacarías, un
anciano sacerdote del templo, diciéndole que su esposa
tendría un hijo, Juan, quien iría "primero . . . [para

---

*La historia de Esperanza y Gabriel fue publicada en el número del 16 de julio de
2001 de la revista *Time*. La historia se llama "When God Hides His Face: Can faith
survive when hope has died? The Guthrie think so [Cuando Dios Oculta Su
Rostro: Puede sobrevivir la fe cuando la esperanza falla? Los Guthrie piensan que
sí]," y fue escrito por David Van Biema. La historia se volvió a publicar en numerosos periódicos, en numerosos sitios en Internet y en los diversos ediciones interna-
cionales de *Time*.

preparar] un pueblo bien dispuesto para recibir al Señor" (Lucas 1:17).

Y otra vez en Lucas 1, Dios le envía a María al ángel Gabriel, diciéndole que va a tener un hijo, Jesús, quien sería "un gran hombre, y lo llamarán Hijo del Altísimo" (Lucas 1:32).

El mensaje de Gabriel siempre es el mismo. Es Jesús. "No teman, Jesús viene." Para Daniel y para su pueblo, que estaba en cautividad en una tierra impía, la esperanza se fundaba en la revelación de que Jesús venía. Para Zacarías y para su esposa, Elisabet, quienes estaban desilusionados y desgraciados por la vida, la esperanza vino en la promesa del ángel de que Jesús venía. Y para María, confundida, perturbada y temerosa del futuro, la esperanza la llenó de confianza de que Jesús venía.

Y para usted y para mí, a medida que buscamos encontrar a Dios en medio de nuestro dolor, el mensaje es el mismo: Jesús. No tema a medida que enfrenta el futuro. Jesús viene.

Supongo que algunos habían esperado algún mensaje sobrenatural de nuestro pequeño ángel, Gabriel —tal vez algo que nunca habíamos escuchado antes. Dios sí tiene un mensaje para nosotros. Y debido a que es importante que usted y yo entendamos el mensaje, él envió más que un ángel, o un bebé. Envió a su propio Hijo. Juan nos dice lo siguiente:

*Y el Verbo [su mensaje] se hizo hombre y habitó entre
nosotros. Y hemos contemplado su gloria, la gloria
que corresponde al Hijo unigénito del Padre, lleno de
gracia y de verdad.*

JUAN 1:14

Tenemos el mensaje completo, *todo* lo que Dios quiere
que sepamos, en la persona y la obra de Jesucristo. Jesús
mismo es la manifestación suprema del amor de Dios por
usted y por mí. No se necesita nada más. Él es el Alfa y
la Omega, el principio y el fin. Jesús es todo lo que Dios
nos quiere decir.

Bien, yo sé que para muchos, ese mensaje tal vez suene
muy simplista. "Ya lo he escuchado antes," tal vez diga
usted. Y tal vez no le parezca relevante a usted y a su vida.
Pero debo contárselo. A estas alturas, yo no estoy interesada en aparentar nada. No estoy interesada en escribir
o en aferrarme a algo que no es real y relevante. Amigo,
Jesús es real y muy importante. Y es esencial en cuanto
a tener una esperanza a la cual aferrarse cuando usted
ha enterrado a un hijo que ama —o en cualquier otro
momento.

"Pero," tal vez diga usted, "¿es necesario él?"

Gabriel fue con David y conmigo en un viaje a Nueva
York en diciembre. Yo estaba trabajando con Anne
Graham Lotz en una serie de entrevistas con los medios
de comunicación para promover su nuevo libro titulado
*Heaven: My Father's House [El Cielo: La Casa de Mi*

*Padre]*. Estábamos en el bar de un hotel entrevistando a un escritor que tenía muchas buenas preguntas, algunas difíciles. Anne tuvo algunas respuestas fabulosas que jamás olvidaré.

Estábamos hablando sobre toda la gente que murió en el World Trade Center y el Pentágono el 11 de septiembre, y el autor preguntó si esas personas fueron al cielo si eran personas buenas. Anne le respondió a esta pregunta con otra pregunta: "¿Cuán buenos habrían tenido que ser?"

Buena pregunta.

La verdad es que ninguno de nosotros es lo "suficientemente bueno." El libro de Romanos nos dice:

*Por tanto, nadie será justificado en presencia de Dios por hacer las obras que exige la ley; más bien, mediante la ley cobramos conciencia del pecado. Esta justicia de Dios llega, mediante la fe en Jesucristo, a todos los que creen. De hecho, no hay distinción.*

ROMANOS 3:20, 22

El hombre que la entrevistaba le preguntó a Anne: "Pero ¿qué me dice de aquellos de otra fe en las torres? ¿No hay muchos caminos a Dios?"

Anne dijo: "Yo creo que si hubiera habido otro camino, él no hubiera enviado a su hijo a morir."

Si usted piensa en eso, tiene sentido, ¿no es verdad? Si

la sinceridad, sin importar lo que usted en realidad cree, fuera suficiente, entonces Jesús no habría sido necesario. Si usted pudiera llegar a Dios simplemente siendo una persona "espiritual" (lo que sea que eso signifique) o por ir a la iglesia, entonces por cierto que Jesús no hubiera tenido que morir.

Eso hace que Jesús sea relevante para usted y para mí, ¿no es cierto? Es por eso que el mensaje de Jesús es tan importante, porque no hay ninguna otra forma de tener una relación con Dios excepto a través de Jesús.

Sé que eso suena exclusivo y cerrado e intolerante y tal vez hasta ingenuo para algunos. Pero me voy a arriesgar a decirlo de nuevo porque es la verdad. Y si usted no ha arreglado las cuentas con Jesús hasta ahora en su vida, ha perdido el propósito para el cual ha sido creado. Tal vez ha sido importunado por el ajetreo de la vida, está desilusionado por los dolores de la vida, o tal vez sea la duda o la desilusión con la religión organizada lo que lo ha mantenido lejos de Jesús. Lo más probable es que sea su orgullo o su falta de disposición de admitir que es pecador y que necesita a un Salvador, o el temor de dar el paso de tomar esa decisión de cambiar.

¡No permita que nada ni nadie cause que usted no acepte el mensaje!

Otro ángel va a venir con un mensaje. La próxima vez no va a ser el ángel Gabriel; será el arcángel Miguel. He aquí lo que el apóstol Pablo nos dice de ese día:

*Conforme a lo dicho por el Señor, afirmamos que noso-
tros, los que estemos vivos y hayamos quedado hasta la
venida del Señor, de ninguna manera nos adelanta-
remos a los que hayan muerto. El Señor mismo descen-
derá del cielo con voz de mando, con voz de arcángel
y con trompeta de Dios, y los muertos en Cristo resu-
citarán primero. Luego los que estemos vivos, los que
hayamos quedado, seremos arrebatados junto con ellos
en las nubes para encontrarnos con el Señor en el aire.
Y así estaremos con el Señor para siempre. Por lo tanto,
anímense unos a otros con estas palabras.*

1 TESALONICENSES 4:15-18

Otra vez, un ángel vendrá con un mensaje. Y una vez más, el mensaje será: "No teman. ¡Jesús viene!"

Hoy, ¿está dispuesto a escuchar y a recibir el mensaje de Gabriel —Jesús— para así estar preparado para aquel día?

¿Quiere acercarse más a Dios en medio de su sufrimiento? ¿Ha escuchado la invitación de Dios de acercarse, pero no está seguro cómo aceptar esta invitación? ¿Podría ser porque nunca ha aceptado la invitación de Dios de conocerlo personalmente a través de su Hijo, Jesucristo?

Escuche y reciba el mensaje de Gabriel —Jesús.

Si nunca ha dado el primer paso hacia la intimidad con Dios aceptando a Jesús, su Hijo, lo puede hacer ahora mismo.

*Si confiesas con tu boca que Jesús es el Señor, y crees en*
*tu corazón que Dios lo levantó de entre los muertos,*
*serás salvo. Porque con el corazón se cree para ser jus-*
*tificado, pero con la boca se confiesa para ser salvo.*
*Así dice la Escritura: "Todo el que confíe en él no será*
*jamás defraudado. . . . Todo el que invoque el nom-*
*bre del Señor será salvo."*

ROMANOS 10:9-11, 13

¿Quiere confesar el nombre del Señor ahora mismo? Lo puede hacer orando una oración simple como la siguiente:

*Querido Dios:*

*Yo he escuchado acerca de ti, pero ahora quiero*
*conocerte por mí mismo. Quiero saber con*
*seguridad de que soy parte de tu familia y que*
*pasaré la eternidad contigo. Así que ahora mismo,*
*acepto tu invitación de conocerte de manera*
*íntima invitándote a mi vida. Reconozco que soy*
*pecador y que no puedo salvarme a mí mismo. Creo*
*que Jesús murió en la cruz para llevar mis pecados*
*y que resucitó de los muertos para darme vida*
*eterna. Acepto el sacrificio de Jesús en mi lugar.*
*Ven a mi vida ahora y toma control de ella. Quiero*
*pasar el resto de mi vida conociéndote y sirviéndote.*

*Amén.*

Me encantaría saber la forma en que Dios ha usado a Esperanza y a Gabriel en su vida. Escríbame a:

Nancy Guthrie
904 Little Bridge Place
Nashville, TN 37221

Visite mi sitio en Internet, www.nancyguthrie.com, para escribir un mensaje, leer artículos acerca de mi familia, encontrar información y recursos o solicitar información sobre mi ministerio de oradora.

# RECURSOS DE LAS ESCRITURAS

## PÉRDIDA

Cuando cruces las aguas, yo estaré contigo; cuando cruces los ríos, no te cubrirán sus aguas; cuando camines por el fuego, no te quemarás ni te abrasarán las llamas. (Isaías 43:2)

Dios es nuestro amparo y nuestra fortaleza, nuestra ayuda segura en momentos de angustia. (Salmo 46:1)

[Dios] restaura a los abatidos y cubre con vendas sus heridas. (Salmo 147:3)

Él conoce nuestra condición; sabe que somos de barro. El hombre es como la hierba, sus días florecen como la flor del campo: sacudida por el viento, desaparece sin dejar rastro alguno. (Salmo 103:14-16)

Él hace que salga el sol sobre malos y buenos, y que llueva sobre justos e injustos. (Mateo 5:45)

Yo les he dicho estas cosas para que en mí hallen paz. En este mundo afrontarán aflicciones, pero ¡anímense! Yo he vencido al mundo. (Juan 16:33)

Si alguien quiere ser mi discípulo, que se niegue a sí mismo, lleve su cruz cada día y me siga. Porque el que quiera salvar su vida, la perderá; pero el que pierda su vida por mi causa, la salvará. ¿De qué le sirve a uno ganar el mundo entero si se pierde o se destruye a sí mismo? (Lucas 9:23-25)

Todo el que me oye estas palabras y las pone en práctica es como un hombre prudente que construyó su casa sobre la roca. Cayeron las lluvias, crecieron los ríos, y soplaron los vientos y azotaron aquella casa; con todo, la casa no se derrumbó porque estaba construida sobre la roca. Pero todo el que me oye estas palabras y no las pone en práctica es como un hombre insensato que construyó su casa sobre la arena. Cayeron las lluvias, crecieron los ríos, y soplaron los vientos y azotaron aquella casa, y ésta se derrumbó, y grande fue su ruina. (Mateo 7:24-27)

Para evitar que me volviera presumido por estas sublimes revelaciones, una espina me fue clavada en el cuerpo, es decir, un mensajero de Satanás, para que me atormentara. Tres veces le rogué al Señor que me la quitara; pero él me dijo: "Te basta con mi gracia, pues mi poder se perfecciona en la debilidad." Por lo tanto, gustosamente haré más bien alarde de mis debilidades, para que permanezca sobre mí el poder de Cristo. Por eso me regocijo en debilidades, insultos, privaciones, persecuciones, y dificultades que sufro por Cristo; porque cuando soy débil, entonces soy fuerte. (2 Corintios 12:7-10)

¿Quién nos apartará del amor de Cristo? ¿La tribulación, o la angustia, la persecución, el hambre, la indigencia, el peligro, o la violencia? Así está escrito: "Por tu causa siempre nos llevan a la muerte; ¡nos tratan como a ovejas para el matadero!" Sin embargo, en todo esto somos más que vencedores por medio de aquel que nos amó. Pues estoy convencido de que ni la muerte ni la vida, ni los ángeles ni los demonios, ni lo presente ni lo por venir, ni los poderes, ni lo alto ni lo profundo, ni cosa alguna en toda la creación, podrá apartarnos del amor que Dios nos ha manifestado en Cristo Jesús nuestro Señor. (Romanos 8:35-39)

## LÁGRIMAS

Toma en cuenta mis lamentos; registra mi llanto en tu libro. ¿Acaso no lo tienes anotado? (Salmo 56:8)

De angustia se me derrite el alma: susténtame conforme a tu palabra. Manténme alejado de caminos torcidos; concédeme las bondades de tu ley. He optado por el camino de la fidelidad, he escogido tus juicios. Yo, SEÑOR, me apego a tus estatutos; no me hagas pasar vergüenza. Corro por el camino de tus mandamientos, porque has ampliado mi modo de pensar. (Salmo 119:28-32)

Despreciado y rechazado por los hombres, varón de dolores, hecho para el sufrimiento. Todos evitaban mirarlo; fue despreciado, y no lo estimamos. Ciertamente él cargó con nuestras enfermedades y soportó nuestros dolores, pero nosotros lo consideramos herido, golpeado por Dios, y humillado. Él fue traspasado por nuestras rebeliones, y molido por nuestras iniquidades; sobre él recayó el castigo, precio de nuestra paz, y gracias a sus heridas fuimos sanados. (Isaías 53:3-5)

El Señor nos ha rechazado, pero no será para siempre. Nos hace sufrir, pero también nos compadece, porque es muy grande su amor. El Señor nos hiere y nos aflige, pero no porque sea de su agrado. (Lamentaciones 3:31-33)

Sobre este monte rasgará el velo que cubre a todos los pueblos, el manto que envuelve a todas las naciones. Devorará a la muerte para siempre; el Señor omnipotente enjugará las lágrimas de todo rostro. (Isaías 25:7-8)

Él les enjugará toda lágrima de los ojos. Ya no habrá muerte, ni llanto, ni lamento ni dolor, porque las primeras cosas han dejado de existir. (Apocalipsis 21:4)

## ADORACIÓN

Aunque la higuera no dé renuevos, ni haya frutos en las vides; aunque falle la cosecha del olivo, y los campos no produzcan alimentos; aunque en el aprisco no haya ovejas, ni ganado alguno en los establos; aun así, yo me regocijaré en el Señor, ¡me alegraré en Dios, mi libertador! (Habacuc 3:17-18)

Pero el rey le respondió a Arauna: "Eso no puede ser. No voy a ofrecer al Señor mi Dios holocaustos que nada me cuesten. Te lo compraré todo por su precio justo." Fue así como David compró la parcela y los bueyes por cincuenta monedas de plata. (2 Samuel 24:24)

Así que nosotros, que estamos recibiendo un reino inconmovible, seamos agradecidos. Inspirados por esta gratitud, adoremos a Dios como a él le agrada, con temor reverente, porque nuestro "Dios es fuego consumidor." (Hebreos 12:28-29)

Dios es espíritu, y quienes lo adoran deben hacerlo en espíritu y en verdad. (Juan 4:24)

Ésta es la oración al Dios de mi vida: que de día el SEÑOR mande su amor, y de noche su canto me acompañe. (Salmo 42:8)

Tu amor es mejor que la vida; por eso mis labios te alabarán. (Salmo 63:3)

Cantaban con todas sus fuerzas: "¡Digno es el Cordero, que ha sido sacrificado, de recibir el poder, la riqueza y la sabiduría, la fortaleza y la honra, la gloria y la alabanza!" (Apocalipsis 5:12)

## GRATITUD

Quien me ofrece su gratitud, me honra; al que enmiende su conducta le mostraré mi salvación. (Salmo 50:23)

[Vivan] arraigados y edificados en él, confirmados en la fe como se les enseñó, y llenos de gratitud. (Colosenses 2:7)

No se inquieten por nada; más bien, en toda ocasión, con oración y ruego, presenten sus peticiones a Dios y denle gracias. Y la paz de Dios, que sobrepasa todo entendimiento, cuidará sus corazones y sus pensamientos en Cristo Jesús. . . . Sé lo que es vivir en la pobreza, y lo que es vivir en la abundancia. He aprendido a vivir en todas y cada una de las circunstancias, tanto a quedar saciado como a pasar hambre, a tener de sobra como a sufrir escasez. Todo lo puedo en Cristo que me fortalece. (Filipenses 4:6-7, 12-13)

Todo esto es por el bien de ustedes, para que la gracia que está alcanzando a más y más personas haga abundar la acción de gracias para la gloria de Dios. . . . Así que no nos fijamos en lo visible sino en lo invisible, ya que lo que se ve es pasajero, mientras que lo que no se ve es eterno. (2 Corintios 4:15, 18)

## CULPA

Fue Dios quien me envió aquí, y no ustedes. Él me ha puesto como asesor del faraón y administrador de su casa, y como gobernador de todo Egipto. (Génesis 45:8)

Pero el SEÑOR cuida de los que le temen, de los que esperan en su gran amor. . . . Que tu gran amor, SEÑOR, nos acompañe, tal como lo esperamos de ti. (Salmo 33:18, 22)

Teme, pues, a Dios y cumple sus mandamientos, porque esto es todo para el hombre. (Eclesiastés 12:13)

No teman a los que matan el cuerpo pero no pueden matar el alma. Teman más bien al que puede destruir alma y cuerpo en el infierno. (Mateo 10:28)

Así también, el Padre de ustedes que está en el cielo no quiere que se pierda ninguno de estos pequeños. (Mateo 18:14)

Y ésta es la voluntad del que me envió: que yo no pierda nada de lo que él me ha dado, sino que lo resucite en el día final. Porque la voluntad de mi Padre es que todo el que reconozca al Hijo y crea en él, tenga vida eterna, y yo lo resucitaré en el día final. (Juan 6:39-40)

Porque tanto amó Dios al mundo, que dio a su Hijo unigénito, para que todo el que cree en él no se pierda, sino que tenga vida eterna. Dios no envió a su Hijo al mundo para condenar al mundo, sino para salvarlo por medio de él. (Juan 3:16-17)

## SUFRIMIENTO

Queridos hermanos, no se extrañen del fuego de la prueba que están soportando, como si fuera algo insólito. Al contrario, alégrense de tener parte en los sufrimientos de Cristo, para que también sea inmensa su alegría cuando se revele la gloria de Cristo. . . . Así pues, los que sufren según la voluntad de Dios, entréguense a su fiel Creador y sigan practicando el bien. (1 Pedro 4:12-13, 19)

Para esto fueron llamados, porque Cristo sufrió por ustedes, dándoles ejemplo para que sigan sus pasos. "Él no cometió ningún pecado, ni hubo engaño en su boca." Cuando proferían insultos contra él, no replicaba con insultos; cuando padecía, no amenazaba, sino que se entregaba a aquel que juzga con justicia. (1 Pedro 2:21-23)

Dondequiera que vamos, siempre llevamos en nuestro cuerpo la muerte de Jesús, para que también su vida se manifieste en nuestro cuerpo. . . . Por tanto, no nos desanimamos. Al contrario, aunque por fuera nos vamos desgastando, por dentro nos vamos renovando día tras día. Pues los sufrimientos ligeros y efímeros que ahora padecemos producen una gloria eterna que vale muchísimo más que todo sufrimiento. Así que no nos fijamos en lo visible sino en lo invisible, ya que lo que se ve es pasajero, mientras que lo que no se ve es eterno. (2 Corintios 4:10, 16-18)

Y si somos hijos, somos herederos; herederos de Dios y coherederos con Cristo, pues si ahora sufrimos con él, también tendremos parte con él en su gloria. De hecho, considero que en nada se comparan los sufrimientos actuales con la gloria que habrá de revelarse en nosotros. (Romanos 8:17-18)

## DESESPERACIÓN

Mis lágrimas son mi pan de día y de noche, mientras me echan en cara a todas horas: "¿Dónde está tu Dios?" Recuerdo esto y me deshago en llanto: yo solía ir con la multitud, y la conducía a la casa de Dios. Entre voces de alegría y acciones de gracias hacíamos gran celebración. ¿Por qué voy a inquietarme? ¿Por qué me voy a angustiar? En Dios pondré mi esperanza y todavía lo alabaré. ¡Él es mi Salvador y mi Dios! (Salmo 42:3-5)

¿A quién tengo en el cielo sino a ti? Si estoy contigo, ya nada quiero en la tierra. Podrán desfallecer mi cuerpo y mi espíritu, pero Dios fortalece mi corazón; él es mi herencia eterna. (Salmo 73:25-26)

Pero algo más me viene a la memoria, lo cual me llena de esperanza: . . . Por tanto, digo: "El Señor es todo lo que tengo. ¡En él esperaré!" . . . Bueno es esperar calladamente a que el Señor venga a salvarnos. (Lamentaciones 3:21, 24, 26)

## ¿POR QUÉ?

Así que nos regocijamos . . . en nuestros sufrimientos, porque sabemos que el sufrimiento produce perseverancia; la perseverancia, entereza de carácter; la entereza de carácter, esperanza. (Romanos 5:2-4)

Sabemos que Dios dispone todas las cosas para el bien de quienes lo aman, los que han sido llamados de acuerdo con su propósito. (Romanos 8:28)

Así, todos nosotros, que con el rostro descubierto reflejamos como en un espejo la gloria del Señor, somos transformados a su semejanza con más y más gloria por la acción del Señor, que es el Espíritu. (2 Corintios 3:18)

Nos vemos atribulados en todo, pero no abatidos; perplejos, pero no desesperados; perseguidos, pero no abandonados; derribados, pero no destruidos. Dondequiera que vamos, siempre llevamos en nuestro cuerpo la muerte de Jesús, para que también su vida se manifieste en nuestro cuerpo. (2 Corintios 4:8-10)

Por eso mantenemos siempre la confianza, aunque sabemos que mientras vivamos en este cuerpo estaremos alejados del

Señor. Vivimos por fe, no por vista. Así que nos mantenemos confiados, y preferiríamos ausentarnos de este cuerpo y vivir junto al Señor. Por eso nos empeñamos en agradarle, ya sea que vivamos en nuestro cuerpo o que lo hayamos dejado. (2 Corintios 5:6-9)

El oro, aunque perecedero, se acrisola al fuego. Así también la fe de ustedes, que vale mucho más que el oro, al ser acrisolada por las pruebas demostrará que es digna de aprobación, gloria y honor cuando Jesucristo se revele. (1 Pedro 1:7)

## ETERNIDAD

Es verdad que cuando el niño estaba vivo yo ayunaba y lloraba, pues pensaba: "¿Quién sabe? Tal vez el SEÑOR tenga compasión de mí y permita que el niño viva." Pero ahora que ha muerto, ¿qué razón tengo para ayunar? ¿Acaso puedo devolverle la vida? Yo iré adonde él está, aunque él ya no volverá a mí. (2 Samuel 12:22-23)

Dios hizo todo hermoso en su momento, y puso en la mente humana el sentido del tiempo, aun cuando el hombre no alcanza a comprender la obra que Dios realiza de principio a fin. (Eclesiastés 3:11)

Devorará a la muerte para siempre; el SEÑOR omnipotente enjugará las lágrimas de todo rostro, y quitará de toda la tierra el oprobio de su pueblo. El SEÑOR mismo lo ha dicho. (Isaías 25:8)

Ciertamente les aseguro que el que oye mi palabra y cree al que me envió, tiene vida eterna y no será juzgado, sino que ha pasado de la muerte a la vida. (Juan 5:24)

Nosotros somos ciudadanos del cielo, de donde anhelamos recibir al Salvador, el Señor Jesucristo. Él transformará nuestro cuerpo miserable para que sea como su cuerpo glorioso, mediante el poder con que somete a sí mismo todas las cosas. (Filipenses 3:20-21)

Pues aquí no tenemos una ciudad permanente, sino que buscamos la ciudad venidera. (Hebreos 13:14)

Dichosos y santos los que tienen parte en la primera resurrección. La segunda muerte no tiene poder sobre ellos, sino que serán sacerdotes de Dios y de Cristo, y reinarán con él mil años. (Apocalipsis 20:6)

Porque lo corruptible tiene que revestirse de lo incorruptible, y lo mortal, de inmortalidad. Cuando lo corruptible se revista de lo incorruptible, y lo mortal, de inmortalidad, entonces se cumplirá lo que está escrito: "La muerte ha sido devorada por la victoria." (1 Corintios 15:53-54)

De hecho, sabemos que si esta tienda de campaña en que vivimos se deshace, tenemos de Dios un edificio, una casa eterna en el cielo, no construida por manos humanas. (2 Corintios 5:1)

Entonces Jesús le dijo: "Yo soy la resurrección y la vida. El que cree en mí vivirá, aunque muera; y todo el que vive y cree en mí no morirá jamás. ¿Crees esto?" (Juan 11:25-26)

## CONSOLADORES

Aunque ande en valle de sombra de muerte, no temeré mal alguno, porque tú estarás conmigo; tu vara y tu cayado me infundirán aliento. (Salmo 23:4, RV60)

Y después de que ustedes hayan sufrido un poco de tiempo, Dios mismo, el Dios de toda gracia que los llamó a su gloria eterna en Cristo, los restaurará y los hará fuertes, firmes y estables. (1 Pedro 5:10)

Alégrense con los que están alegres; lloren con los que lloran. (Romanos 12:15)

Por lo tanto, como escogidos de Dios, santos y amados, revístanse de afecto entrañable y de bondad, humildad, amabilidad y paciencia, de modo que se toleren unos a otros y se perdonen si alguno tiene queja contra otro. Así como el Señor los perdonó, perdonen también ustedes. (Colosenses 3:12-13)

Más bien, sean bondadosos y compasivos unos con otros, y perdónense mutuamente, así como Dios los perdonó a ustedes en Cristo. (Efesios 4:32)

Nadie tiene amor más grande que el dar la vida por sus amigos. (Juan 15:13)

## MISTERIO
Lo secreto le pertenece al SEÑOR nuestro Dios, pero lo revelado nos pertenece a nosotros y a nuestros hijos para siempre, para que obedezcamos todas las palabras de esta ley. (Deuteronomio 29:29)

¡Qué profundas son las riquezas de la sabiduría y del conocimiento de Dios! ¡Qué indescifrables sus juicios e impenetrables sus caminos! "¿Quién ha conocido la mente del Señor, o quién ha sido su consejero?" (Romanos 11:33-34)

Todos ellos vivieron por la fe, y murieron sin haber recibido las cosas prometidas; más bien, las reconocieron a lo lejos, y confesaron que eran extranjeros y peregrinos en la tierra. Al expresarse así, claramente dieron a entender que andaban en busca de una patria. Si hubieran estado pensando en aquella patria de donde habían emigrado, habrían tenido oportunidad de regresar a ella. Antes bien, anhelaban una patria mejor, es decir, la celestial. Por lo tanto, Dios no se avergonzó de ser llamado su Dios, y les preparó una ciudad. (Hebreos 11:13-16)

Hubo mujeres que por la resurrección recobraron a sus muertos. Otros, en cambio, fueron muertos a golpes, pues para alcanzar una mejor resurrección no aceptaron que los pusieran en libertad. (Hebreos 11:35)

Para evitar que me volviera presumido por estas sublimes revelaciones, una espina me fue clavada en el cuerpo, es decir, un mensajero de Satanás, para que me atormentara. Tres veces le rogué al Señor que me la quitara; pero él me dijo: "Te basta con mi gracia, pues mi poder se perfecciona en la debilidad." Por lo tanto, gustosamente haré más bien alarde de mis debilidades, para que permanezca sobre mí el poder de Cristo. Por eso me regocijo en debilidades, insultos, privaciones, persecuciones y dificultades que sufro por Cristo; porque cuando soy débil, entonces soy fuerte. (2 Corintios 12:7-10)

Pueblo de Israel, escuchen esto . . . por medio de gente malvada, ustedes lo mataron [a Jesús], clavándolo en la cruz. Sin embargo, Dios lo resucitó, librándolo de las angustias de la muerte, porque era imposible que la muerte lo mantuviera bajo su dominio. (Hechos 2:22-24)

[Tenemos] un estímulo poderoso los que, buscando refugio, nos aferramos a la esperanza que está delante de nosotros. Tenemos como firme y segura ancla del alma una esperanza que penetra hasta detrás de la cortina del santuario. (Hebreos 6:18-19)

Ahora bien, la fe es la garantía de lo que se espera, la certeza de lo que no se ve. (Hebreos 11:1)

El justo perece, y a nadie le importa; mueren tus siervos fieles, y nadie comprende que mueren los justos a causa del mal. Los que van por el camino recto mueren en paz. (Isaías 57:1-2)

Como está escrito: "Ningún ojo ha visto, ningún oído ha escuchado, ninguna mente humana ha concebido lo que Dios ha preparado para quienes lo aman." (1 Corintios 2:9)

## SUMISIÓN

Sadrac, Mesac y Abednego le respondieron a Nabucodonosor: —¡No hace falta que nos defendamos ante Su Majestad! Si se nos arroja al horno en llamas, el Dios al que servimos puede librarnos del horno y de las manos de Su Majestad. Pero aun si nuestro Dios no lo hace así, sepa usted que no honraremos a sus dioses ni adoraremos a su estatua. (Daniel 3:16-18)

Pero yo, SEÑOR, en ti confío, y digo: "Tú eres mi Dios." Mi vida entera está en tus manos. (Salmo 31:14-15)

Me has hecho pasar por muchos infortunios, pero volverás a darme vida; de las profundidades de la tierra volverás a levantarme. (Salmo 71:20)

Sólo en Dios halla descanso mi alma; de él viene mi salvación. Sólo él es mi roca y mi salvación; él es mi protector. ¡Jamás habré de caer! (Salmo 62:1-2)

Y el que no toma su cruz y me sigue no es digno de mí. El que encuentre su vida, la perderá, y el que la pierda por mi causa, la encontrará. (Mateo 10:38-39)

"Es tal la angustia que me invade, que me siento morir," les dijo. "Quédense aquí y manténganse despiertos conmigo." Yendo un poco más allá, se postró sobre su rostro y oró: "Padre mío, si es posible, no me hagas beber este trago amargo. Pero no sea lo que yo quiero, sino lo que quieres tú." (Mateo 26:38-39)

A él le toca crecer, y a mí menguar. (Juan 3:30)

Dichoso el que resiste la tentación porque, al salir aprobado, recibirá la corona de la vida que Dios ha prometido a quienes lo aman. (Santiago 1:12)

Si vivimos, para el Señor vivimos; y si morimos, para el Señor morimos. Así pues, sea que vivamos o que muramos, del Señor somos. (Romanos 14:8)

El fruto del Espíritu es amor, alegría, paz, paciencia, amabilidad, bondad, fidelidad, humildad y dominio propio. (Gálatas 5:22-23)

El Señor recorre con su mirada toda la tierra, y está listo para ayudar a quienes le son fieles. (2 Crónicas 16:9)

## INTIMIDAD

Así dice el Señor: "Que no se gloríe el sabio de su sabiduría, ni el poderoso de su poder, ni el rico de su riqueza. Si alguien ha de gloriarse, que se gloríe de conocerme y de comprender que yo soy el Señor, que actúo en la tierra con amor, con derecho y justicia, pues es lo que a mí me agrada," afirma el Señor. (Jeremías 9:23-24)

Caminaré entre ustedes. Yo seré su Dios, y ustedes serán mi pueblo. (Levítico 26:12)

Me has dado a conocer la senda de la vida; me llenarás de alegría en tu presencia, y de dicha eterna a tu derecha. (Salmo 16:11)

El Señor es refugio de los oprimidos; es su baluarte en momentos de angustia. En ti confían los que conocen tu nombre, porque tú, Señor, jamás abandonas a los que te buscan. (Salmo 9:9-10)

Es más, todo lo considero pérdida por razón del incomparable valor de conocer a Cristo Jesús, mi Señor. Por él lo he perdido todo, y lo tengo por estiércol, a fin de ganar a Cristo y encontrarme unido a él. No quiero mi propia justicia que procede de la ley, sino la que se obtiene mediante la fe en Cristo, la justicia que procede de Dios, basada en la fe. Lo he perdido todo a fin de conocer a Cristo, experimentar el poder que se manifestó en su resurrección, participar en sus sufrimientos y llegar a ser semejante a él en su muerte. Así espero alcanzar la resurrección de entre los muertos. (Filipenses 3:8-11)

Por lo tanto, hermanos, tomando en cuenta la misericordia de Dios, les ruego que cada uno de ustedes, en adoración espiritual, ofrezca su cuerpo como sacrificio vivo, santo y agradable a Dios. No se amolden al mundo actual, sino sean transformados mediante la renovación de su mente. Así podrán comprobar cuál es la voluntad de Dios, buena, agradable y perfecta. (Romanos 12:1-2)

En él, mediante la fe, disfrutamos de libertad y confianza para acercarnos a Dios. (Efesios 3:12)

En realidad, sin fe es imposible agradar a Dios, ya que cualquiera que se acerca a Dios tiene que creer que él existe y que recompensa a quienes lo buscan. (Hebreos 11:6)

Y tenemos además un gran sacerdote al frente de la familia de Dios. Acerquémonos, pues, a Dios con corazón sincero y con la plena seguridad que da la fe. (Hebreos 10:21-22)

Por su propia voluntad nos hizo nacer mediante la palabra de verdad, para que fuéramos como los primeros y mejores frutos de su creación. (Santiago 1:18)

Acérquense a Dios, y él se acercará a ustedes. (Santiago 4:8)

# NOTAS

[1]La lectura del libro de Max Lucado titulado *The Great House of God* (Dallas: Word Publishing, 1997) [publicado en español como *La Gran Casa de Dios* en 1997 por Grupo Nelson] me enseñó a ver el cuadro más amplio —que Satanás no tiene poder que Dios no le permita, y que Dios le dio permiso a Satanás y estableció los parámetros para que probara a Job. Este concepto se encuentra en el capítulo 13 de este libro de Max Lucado.

[2]En los días siguientes a la muerte de Esperanza, encontré gran consuelo leyendo el libro de Gregory Floyd titulado *A Grief Unveiled: One Father's Journey Through the Death of a Child [Un Duelo Desvelado: La Travesía de un Padre A Través de la Muerte de un Hijo]* (Brewster, MA: Paraclete Press, 1999). No sólo encontré compañía en el sendero del dolor por perder a un hijo, sino que también descubrí a un fiel seguidor de Cristo. Aprendí tanto del ejemplo de Floyd como de sus palabras. Él escribió acerca de su hijo, y yo adapté algunas de sus palabras: "Me doy cuenta de que la razón por la cual me siento tan raro es porque parte de mi corazón ya no está aquí. Se la di a Johnny y él se la llevó consigo" (p. 192).

[3]John R. Claypool, *Tracks of a Fellow Struggler [Las Huellas de un Compañero en la Lucha]* (New Orleans: Insight Press, 1995), 74–75.

[4]Estoy en deuda con Jerry Bridges por su ayuda en cuanto a entender lo que significa temer a Dios a través de su libro titulado *The Joy of Fearing God [El Gozo de Temer a Dios]* (Colorado Springs, CO: WaterBrook Press, 1997).

[5]Eugene Peterson, *THE MESSAGE: Job [EL MENSAJE: Job]* (Colorado Springs, CO: NavPress, 1996), 9. Me beneficié mucho leyendo y releyendo la paráfrasis de Eugene Peterson del libro de Job en *THE MESSAGE*. Estoy muy agradecida por *THE MESSAGE*, el cual hizo que el libro de Job cobrara vida para

mí, y porque también ha hecho que muchos otros pasajes de las Escrituras fueran mucho más significativos.

[6]Yo estaba trabajando en la publicidad del libro de Kay Arthur titulado *As Silver Refined [Refinado Como la Plata]* (Colorado Springs, CO: WaterBrook Press, 1997) mientras estaba embarazada con Esperanza. La enseñanza de Kay sobre la soberanía de Dios y cómo él usa las desilusiones de la vida para refinarnos me preparó para recibir su obra en mí y me proveyó discernimientos para este libro.

[7]Bob Benson, *He Speaks Softly [Habla en Voz Baja]* (Waco, TX: Word Books, 1985), 65.

[8]Philip Yancey, *Disappointment with God [Desilusión con Dios]* (Grand Rapids, MI: Zondervan Publishing House, 1988), 206. Todavía tengo mucho que aprender de las aplicaciones de Philip Yancey de la historia de Job en el libro *Disappointment with God* —especialmente su desafío de reemplazar la pregunta "¿Por qué" con la pregunta "¿Para qué propósito?" Sus percepciones de la historia de Job están entretejidas a lo largo de este libro.

[9]Ibid., 208. Adapté una cita que Philip Yancey acredita al Rabí Abraham Heschel que dice: "Una fe como la de Job no puede ser sacudida, porque es el resultado de haber sido sacudido."

[10]Claypool, *Tracks of a Fellow Struggler,* 94.

[11]Con ayuda de ambos, el libro de Philip Yancey titulado *Disappointment with God,* 190; y el libro de Gregory Floyd titulado *A Grief Unveiled,* 87.

[12]Peterson, *THE MESSAGE: Job,* 6.

[13]Parte del material de este capítulo apareció publicado primero en un artículo que escribí para una revista titulado "Praying for Hope [Orando por Esperanza]," el cual fue publicado en *Christianity Today* (Julio 9, 2000).

# INTRODUCCIÓN
## A ESTA GUÍA DE ESTUDIO

Esta guía ha sido diseñada para uso individual o en grupo para estudiar el libro de Job y los temas de dicho libro. Estudiar el libro de Job es una empresa emocionante pero abrumadora. La historia de Job trata algunas de las preguntas más profundas de la experiencia humana y de un Dios Todopoderoso. Tal vez la lección más importante del libro de Job es que no hay respuestas simples —que aunque Dios puede ser conocido, es también misterioso.

Al igual que el mismo libro de Job, este estudio no responde a todas las preguntas que se formulan en la historia de Job. Pero le ayudará a usted y a las personas con quienes estudia a descubrir más acerca de quién es Dios y la forma en que él obra en el universo y en nosotros. Mientras que él permanece siendo un Dios cuyos caminos a menudo son inexplicables, él ha elegido permitir que lo conozcamos. Es por eso que él se ha revelado a nosotros a través de la persona y la obra de Jesús, y a través de las páginas de las Escrituras. Dios "recompensa a quienes lo buscan" (Hebreos 11:6) como hizo Job —y la recompensa es él mismo.

Para estudio individual, esta guía provee siete semanas de preguntas diarias que lo alentarán en su propia búsqueda y comprensión de Dios a través del estudio de su Palabra. Estudiará todo el libro de Job así como también

otros pasajes de las Escrituras acerca de los asuntos que Job
presenta. Y será alentado a aplicar a su vida lo que aprende
para que Dios pueda usar eso para hacer que usted sea más
como su Hijo. Y eso es bueno, ¿no es verdad? Si se com-
promete a estudiar, lo ayudará a solidificar el hábito del
estudio bíblico diario, un hábito que transforma la vida, así
como también edificar su anticipación de todo lo que Dios
quiere decirle y mostrarle a través de su lectura de la Biblia
más allá de estos cincuenta días.

Pero no se desaliente si se atrasa o no puede realizar el
estudio todos los días. Simplemente trabaje con las preguntas lo mejor que pueda, para poder escuchar todo lo
que Dios quiere decirle.

Para un estudio en grupo, esta guía provee preguntas
para un estudio semanal de Job y de los temas que abarca,
así como también estudios diarios asignados que prepara-
rán a los miembros del grupo para una discusión significativa para la semana siguiente. También sugiere capítulos
de *Aferrándose a la Esperanza* que corresponden a los
pasajes de Job que se están estudiando esa semana. Tal vez
quiera seleccionar algunas de las preguntas de los estudios
diarios de la semana anterior para agregar a las preguntas
de la discusión en grupo, si el tiempo lo permite.

Si usted está guiando al grupo, lo aliento para que
establezca un tono de transparencia, comenzando con la
primera sesión juntos, para que todos se sientan libres
para confrontar las difíciles preguntas que se presentan
en la historia de Job y para compartir los sufrimientos

en sus vidas. Su grupo debería ser un lugar en el cual las personas que sufren se sienten aceptadas por los demás. Sin embargo, tal vez encuentre necesario aclarar que el propósito de su grupo es estudiar y hablar sobre las Escrituras, más que servir como un grupo de apoyo. Tal vez quiera planear con cuidado las preguntas para discusión que quiere incluir, apartando una cantidad aproximada de tiempo para cada pregunta para asegurarse de que puede cubrir todos los temas en el tiempo disponible.

Muchas de las preguntas son abiertas, e incluyen "¿Qué es lo que usted piensa?" Aliente a los participantes para que reconozcan que esas son opiniones y que tal vez no exista una respuesta "correcta." Haga que su grupo sea un lugar seguro en el que se atrevan a compartir opiniones. Al mismo tiempo, apóyese en la Palabra de Dios revelada para las respuestas más que en opiniones. Aliente a los miembros del grupo a apoyar sus perspectivas con las Escrituras.

En algunos días se requiere que lea o que repase a la ligera porciones grandes de Job. Si esto se le hace difícil, puede elegir leer solamente las porciones requeridas para responder a las preguntas. Cuando hacen una lectura rápida, tal vez pueda depender de los párrafos y títulos de las secciones para tener una idea de cómo fluye el capítulo y de su énfasis. Si su semana no le permite responder a las preguntas de cada día, enfóquese en las preguntas de "Preparación para la discusión" al final de cada semana, para que la discusión del grupo tenga más significado para usted.

También lo aliento a que se sienta lo más cómodo

posible con no tener que resolver cada asunto con una respuesta definitiva. En realidad, hay mucho que no podemos entender acerca de Dios y mucho que no podemos controlar en el mundo. Lo que podemos controlar es cómo vamos a responder ante las circunstancias que Dios permite en nuestras vidas y la forma en que elegimos buscar a Dios en medio de nuestras preguntas. Aliente a los miembros de su grupo a seguir buscando a Dios con sus preguntas al tiempo que se comprometen a amarlo, servirlo y confiar en él aun si sus preguntas nunca son respondidas como les gustaría.

Mi oración al preparar este estudio es que Dios honre su deseo por él, y que este estudio no sea simplemente una búsqueda intelectual, sino una que transforme su corazón y su mente. Si usted está sufriendo o se siente profundamente conmovido por el dolor que hay en el mundo, este estudio tendrá significado especial para usted. He tratado de incluir muchas de las preguntas más difíciles que me han acosado en lugares oscuros. Quiera Dios honrar el esfuerzo que usted haga en este estudio para que él pueda llenar los lugares oscuros de su vida con la luz de su misma presencia.

*Nancy Guthrie*

Para más recursos a utilizar en grupos pequeños, por favor visite: www.nancyguthrie.com

# ÍNDICE Y
# PLAN DE ESTUDIO

## SEMANA 1 *131*
*Job: El sufridor más significativo de la historia*

———

## SEMANA 2 *135*
*Job, el fiel seguidor de Dios; Satanás, el distanciador acusatorio;*
*Dios, el Protector Todopoderoso (Job 1–2)*

———

## SEMANA 3 *141*
*La respuesta inicial de Job a la pérdida (Job 1–2)*

———

## SEMANA 4 *147*
*¿Quién tiene la culpa? (Job 3–21)*

———

## SEMANA 5 *155*
*¿Por qué? (Job 22–37)*

———

## SEMANA 6 *161*
*Dios habla, Job responde (Job 38–42:4)*

———

## SEMANA 7 *169*
*La vida buena (Job 42:5-17)*

———

## SEMANA 8 *177*
*La soberanía de Dios en el sufrimiento (varios pasajes)*

# SEMANA 1

Job: El sufridor más significativo de la historia

## Preguntas para discusión en grupo

1. ¿Cuál es su impresión de Job basándose en lo que ya sabe acerca de él?

2. ¿Qué preguntas tiene acerca de Job antes de que comencemos nuestro estudio?

3. ¿Qué aspectos de la experiencia de Job y de su interacción con Dios lo ponen más incómodo o lo dejan con preguntas significantes?

4. La mayoría de nosotros se siente incómoda con la historia de Job porque teme sufrir o porque ha experimentado mucho sufrimiento en la vida. Si se siente cómodo haciéndolo, termine la siguiente frase: *El sufrimiento que Dios ha permitido en mi vida incluye* . . . o *El sufrimiento que más temo es* . . .

5. ¿Qué es lo que espera obtener al invertir su tiempo y esfuerzo en las sesiones de grupo y en el estudio diario de la Biblia que se requiere en este estudio de Job?

## Estudio diario

### DÍA 1: Lea Job 1–2
1. ¿Qué clase de persona era Job?

2. ¿Qué era lo que buscaba Satanás? ¿Qué cree que él realmente quería hacer?

3. ¿En qué confiaba Dios en cuanto a Job?

4. ¿Qué permitió Dios que Satanás hiciera en este capítulo, y qué sucedió?

5. Si usted estuviera en la situación de Job, ¿cómo habría respondido?

## DÍA 2: Dele una lectura rápida a Job 3–21

1. ¿Cuáles son algunas de las frases que usted encuentra destacadas que indican cómo se sentía Job y en qué estaba pensando?

2. ¿Cuáles son algunas de las frases que indican el mensaje principal de los amigos de Job?

3. ¿Qué es lo que Job quería más en estos capítulos?

4. ¿Qué fue lo que Job reveló al final del capítulo 19 que parecía darle esperanza en medio de su total desesperación?

5. Al leer estos capítulos, vemos que Job parecía vacilar entre la desesperación y la esperanza. ¿Cuándo ha tenido usted esa misma reacción ante algunas de sus luchas?

## DÍA 3: Dele una lectura rápida a Job 22–37

1. ¿Cuáles son algunas de las frases de los amigos de Job que revelan sus creencias acerca de la forma en que Dios trata a los justos y a los injustos?

2. ¿Cuáles son algunas de las declaraciones de los amigos de Job que sugieren que podrían "arreglar" el sufrimiento de Job?

3. ¿Con cuáles de las frases de Job se puede identificar usted particularmente?

### DÍA 4: Lea Job 38–41

1. Haga un resumen de la respuesta de Dios a Job.

2. De lo que Dios dice, ¿qué es lo que aprende usted acerca del sufrimiento y acerca de las razones y la solución para el sufrimiento de Job?

3. Como seres humanos, ¿por qué cree usted que tenemos el anhelo de saber las razones de por qué sufrimos?

4. En el capítulo 40, ¿de qué forma respondió Job a las preguntas de Dios?

### DÍA 5: Lea Job 42

1. ¿Cree usted que Job estaba satisfecho con la respuesta de Dios a sus preguntas? ¿Por qué sí o por qué no?

2. ¿De qué forma cambió la vida de Job debido a lo que experimentó?

3. ¿Qué preguntas le deja esta lectura inicial en cuanto a Job, en cuanto a Dios, en cuanto a Satanás y en cuanto a usted mismo?

### DÍA 6: Repaso

1. ¿Quiénes son los tres personajes principales de esta historia (se presentan en el capítulo 1)?

2. ¿Qué pérdida azotó la vida de Job en el capítulo 1?

3. ¿Qué le sucedió a Job en el capítulo 2?

4. En los capítulos 3–31, Job y sus tres amigos se hicieron discursos mutuos. ¿Quiénes eran esos tres amigos?

5. En los capítulos 32–37, un cuarto amigo habló. ¿Cómo se llamaba?

6. ¿Quién comenzó a hablar en el capítulo 38? ¿Qué forma tomaron sus discursos?

7. ¿Cómo resumiría usted lo que sucedió en el capítulo final del libro de Job (capítulo 42)?

*Lea los capítulos correspondientes en* Aferrándose a la Esperanza: *Introducción, Pérdida*

# SEMANA 2

Job, el fiel seguidor de Dios; Satanás, el distanciador
acusatorio; Dios, el Protector Todopoderoso

## Preguntas para discusión en grupo

1. Se describe a Job como "un hombre recto e intachable" (Job 1:1). ¿De qué formas se evidencia su
rectitud?

2. A menudo cuando alguien sufre, decimos: "No se
merece eso." ¿Qué revela esa declaración en cuanto a
nuestras suposiciones acerca de la bondad o la santidad en relación al sufrimiento?

3. ¿Qué cree usted que Satanás realmente quería? ¿De
qué forma revela la respuesta de Dios a Satanás
(Job 1:12) el conocimiento de Dios de lo que quería
Satanás?

4. ¿Qué acusación hizo Satanás contra Job (1:9-11)?
¿Cree usted que eso es razonable?

5. Dios le dio permiso a Satanás para que hiriera a Job.
¿Qué es lo que eso revela en cuanto a Dios? ¿En
cuanto a Satanás? ¿En cuanto a Job?

6. En este desafío, ¿qué es lo que definiría un triunfo
para Satanás? ¿Para Dios? ¿Para Job?

7. ¿Qué aspectos de este intercambio entre Dios y
Satanás acerca de Job le resultan problemáticos a
usted o lo dejan con preguntas?

8. El libro de Job, junto con todas las Escrituras, ha sido escrito para revelarnos quién es Dios y la forma en que obra. ¿Qué es lo que ha aprendido acerca de Dios hasta ahora en esta historia?

9. ¿Cómo puede aplicar esta verdad acerca del carácter de Dios a una situación en su vida?

## Estudio diario

### DÍA 1: La vida de Job: Antes y después
Lea los capítulos 29 y 30 de Job, en los cuales Job describe su vida de bendición y honor antes que llegara el sufrimiento, y la pérdida y la deshonra desde que llegó el sufrimiento.

1. ¿Cuáles son algunas frases clave que describen el carácter y el estilo de vida de Job antes del sufrimiento?

2. ¿Cuáles son algunas frases clave que describen cómo fue la vida de Job después que le llegó el sufrimiento?

3. Podríamos esperar que cuando Job se estaba quejando o enumerando sus pérdidas, tal vez se enfocara en sus propiedades, en sus hijos y en su salud. ¿Pero qué aspectos de su vida fueron los que lloró más?

4. Mirando hacia atrás a las pérdidas en su vida, ¿qué aspectos de esas pérdidas son los que más le duelen?

### DÍA 2: Las metas y los métodos de Satanás

1. ¿Qué es lo que le dicen los siguientes versículos en cuanto a las metas de Satanás?

Marcos 4:14-15

Lucas 22:31-32

1 Tesalonicenses 2:18

1 Pedro 5:8

2. ¿Qué es lo que dicen los siguientes versículos en cuanto a los métodos de Satanás para alcanzar esas metas?

Génesis 3:13

2 Corintios 11:14

2 Tesalonicenses 2:9

3. ¿Cómo lo ha engañado Satanás a usted en el pasado?

4. ¿Cómo ha tratado Satanás de quitarle la semilla de la Palabra de Dios que ha sido plantada en su vida?

## DÍA 3: El poder de Dios, el poder de Satanás y el poder de usted

1. ¿Qué le dicen los siguientes versículos en cuanto al poder de Dios en relación con el poder de Satanás?

Lucas 4:33-36

Lucas 8:27-33

1 Juan 3:8

Romanos 8:38-39

2. ¿Qué le dicen los siguientes versículos en cuanto a su poder sobre Satanás?

Efesios 4:27

Efesios 6:11

Santiago 4:7

3. ¿En qué formas cotidianas puede una persona darle entrada en su vida al diablo?

4. ¿Cuál es un cambio que usted podría hacer para evitar que el diablo tenga poder en su vida?

## DÍA 4: El destino final de Satanás

1. ¿Qué es lo que le dicen estos versículos en cuanto al destino final de Satanás?

Génesis 3:14-15

Mateo 25:41

Romanos 16:20

Apocalipsis 20:1-3, 7-10

2. De estos versículos, ¿para quiénes fue creado el infierno?

3. ¿Qué es lo que Satanás ha usado para tratar de poner una división entre usted y Dios? ¿Cómo puede evitar que tenga éxito?

## DÍA 5: La protección suprema de Dios

1. Lea el Salmo 91. ¿Cómo puede responder a la promesa de protección de Dios en este salmo? ¿Cuándo ha sido una realidad en su vida?

2. Lea Mateo 10:28. ¿Qué le dice este versículo acerca de la perspectiva de Dios sobre la vida y la muerte?

3. Lea 1 Tesalonicenses 5:8-11. ¿De qué es que nos ha protegido Dios finalmente? ¿Para qué propósito nos ha protegido Dios?

4. Hemos leído que Dios está más preocupado con

nuestras almas, que vivirán para siempre, que con nuestros cuerpos, que un día morirán. ¿Cómo puede ese conocimiento transformar su perspectiva en sus circunstancias actuales?

**DÍA 6: Preparación para la discusión**

1. Lea Job 1–2 y tome notas acerca de las cosas específicas que dijo Job en respuesta a su pérdida.

2. Piense en las personas a su alrededor y en su propia vida. ¿Cuáles son las respuestas inmediatas típicas a una pérdida?

3. ¿Cómo nos afectan a largo plazo esas respuestas?

4. Piense en alguien que ha observado y a quien admira que ha enfrentado gran dificultad. ¿Qué es lo que ha admirado en la forma en que él o ella respondió, y por qué?

*Lea los capítulos correspondientes en* Aferrándose a la Esperanza: *Lágrimas, Adoración, Gratitud*

# SEMANA 3

La repuesta inicial de Job a la pérdida

## Preguntas para discusión en grupo

1. ¿De qué maneras mostró Job su sufrimiento? ¿Cuáles son algunas formas aceptables e inaceptables de mostrar sufrimiento en la cultura de hoy en día?

2. ¿Qué experiencias personales ha tenido con el sufrimiento, o consolando a alguien que está sufriendo, que revelan la incomodidad de expresar el sufrimiento y de consolar cuando alguien sufre?

3. ¿Encuentra sorprendente que Job pudiera caer de rodillas ante Dios en adoración a estas alturas en su vida? ¿Por qué? ¿Por qué cree que lo pudo hacer?

4. ¿Qué es lo que significa adorar a Dios verdaderamente? ¿Con sus posesiones? ¿Con sus habilidades? ¿En privado? ¿En público? ¿Cómo se manifiesta una vida de adoración?

5. Job dijo: "El SEÑOR ha dado; el SEÑOR ha quitado" (1:21). ¿Cómo es posible estar agradecidos a Dios cuando él ha dado y cuando él ha quitado algo que nos gusta o a alguien que amamos?

6. ¿Qué es lo que revela la pregunta que Job le formula a su esposa ("Si de Dios sabemos recibir lo bueno, ¿no sabremos también recibir lo malo?" [2:10]) en cuanto a la actitud de Job sobre el sufrimiento? ¿Qué es lo que revela acerca de Dios?

7. Piensen en algunas personas del Antiguo y del Nuevo Testamento. Hablen sobre el sufrimiento que soportaron y cómo respondieron a sus sufrimientos. (Algunas ideas incluyen a Noé, Abraham, Jacob, José, Moisés, David, Salomón, Jeremías, Oseas, María, Juan el Bautista y Pablo.)

8. ¿Qué conjeturas o expectativas causan que nos sorprendamos u ofendamos por el sufrimiento en nuestra vida?

## Estudio diario

### DÍA 1: Sufrimiento

1. Lea Isaías 53:3-5 y Mateo 26:36-38. ¿Qué es lo que significa para usted que Jesús entiende cómo se siente el dolor y el sufrimiento?

2. Lea Juan 11:32-35. ¿Por qué cree que Jesús lloró aun cuando sabía que iba a resucitar a Lázaro de los muertos?

3. Lea Isaías 25:7-8 y Apocalipsis 21:4. ¿Qué promesa para el futuro encuentra en estos dos pasajes?

4. Lea 1 Tesalonicenses 4:13. Hablándoles a creyentes, Pablo dice que él quiere que sepamos lo que les sucede a los creyentes que mueren para que no estemos sobrecogidos por el sufrimiento como los que no tienen esperanza. ¿Qué es lo que tienen en común los creyentes y los no creyentes cuando sufren? ¿Qué es lo que difiere en cuanto a la forma en que expresan el sufrimiento?

5. Lea 2 Corintios 4:8-18. ¿Qué perspectiva en su sufrimiento capacita a Pablo para escribir acerca del futuro con anticipación gozosa?

6. Tome los versículos 16-18 de 2 Corintios 4 y escriba una versión personal del pasaje, cambiando "nosotros" a "yo," e incluya los "sufrimientos" específicos que está enfrentando usted.

## DÍA 2: Adoración

1. Lea Juan 4:23-24. ¿Cuál es la clase de adoradores que busca Dios?

2. ¿Cuáles son algunas formas por las cuales hacemos lo que se espera de nosotros en cuanto a la adoración en lugar de adorar a Dios "en espíritu" o con verdadera devoción?

3. En nuestra cultura, mucha gente practica una religión de estilo "bufé" —eligen las cualidades que posee su dios, a menudo afirmando que él es el Dios de la Biblia. ¿En qué sentido es diferente esto de adorar a Dios en "verdad"?

4. Lea 2 Samuel 24:18-25. En esta historia, el rey David reconoce que la verdadera adoración demanda sacrificio. ¿Cuáles han sido algunas de las privaciones que le ha costado el adorar a Dios en forma sacrificial?

5. Esta verdad se refleja en Romanos 12:1, en donde se nos instruye adorar a Dios no ofreciendo animales como sacrificio, sino ofreciéndonos a nosotros mismos como un sacrificio vivo. ¿Qué puede hacer diferente esta semana para ofrecerse a sí mismo como un sacrificio vivo en adoración a Dios?

## DÍA 3: Enojo

1. Lea el Salmo 4:4 y Efesios 4:26. ¿Son inherentemente pecaminosos los sentimientos de ira? Explique.

2. Lea Proverbios 29:11. ¿Qué cree que significa dar "rienda suelta" a la ira?

3. De acuerdo a Proverbios 29:22, ¿cuáles son algunos de los resultados de ser iracundo y de persistir en ello?

4. ¿Qué es lo que aprende de Marcos 3:5 y de Juan 2:13-17 en cuanto al enojo que es aceptable?

5. De acuerdo a Santiago 1:19-20, ¿por qué debería resistir darle lugar al enojo en su vida?

## DÍA 4: Respondiendo al sufrimiento

1. Lea 1 Pedro 4. ¿Cómo se vería en su vida asumir "la misma actitud" (4:1) que tuvo Cristo hacia el sufrimiento?

2. De acuerdo al versículo 19, ¿qué es lo que debería hacer si sufre?

3. De acuerdo a Romanos 5:2-5, ¿cómo deberíamos responder al sufrimiento y por qué?

4. Cuando recuerda el sufrimiento que ha experimentado, ¿cómo ha respondido?

5. La próxima vez que el sufrimiento llegue a su vida, ¿cómo le gustaría responder?

## DÍA 5: Preparación para la discusión, Parte 1
Lea u hojee Job 3–11.

1. Seleccione algunas de las frases de Job en el capítulo 3 que mejor ilustran su estado mental, corporal y de su fe.

2. Tal vez la esencia del mensaje total de Elifaz se puede resumir en su comentario en 4:8. Exprese este mensaje en sus propias palabras.

3. ¿Qué es lo que revelan las palabras de Elifaz en 5:1 acerca de su propia fe y comprensión de Dios?

4. A medida que Job comienza a clamar a Dios en 7:6-21, ¿de qué manera revela su oratoria que no está de acuerdo con lo que Elifaz dijo en 5:1?

5. Los amigos de Job dicen mucho que es correcto, bueno y verdadero, pero que está mal aplicado. ¿Cuáles de las palabras de ellos le parecen verdad a usted? Pero ¿qué es lo que está mal en cuanto a aplicar estos principios a Job o a esta circunstancia?

6. Job resume sus quejas contra las actitudes y argumentos de sus amigos en 6:26-29. ¿Cuáles son?

7. ¿Qué es lo que anhela Job en 9:32-35, y de nuevo en 16:21? ¿De qué manera ha sido ese anhelo suplido para nosotros de acuerdo a 1 Timoteo 2:5-6?

8. Zofar no sólo es rudo sino que es insultante, y ofrece respuestas simplistas. De acuerdo a 11:6, ¿qué es lo que implica Zofar como la razón del sufrimiento de Job?

**DÍA 6: Preparación para la discusión, Parte 2**
Lea u hojee Job 12–21.

1. La respuesta de Job a sus amigos parece rechazar el enfoque simplista de que la gente tiene la responsabilidad directa de todo lo malo o bueno que les sucede. ¿Cuál es la causa del sufrimiento que sugiere Job en el capítulo 12? ¿Qué frases apoyan su respuesta?

2. ¿Qué es lo que quiere hacer Job en 13:3? ¿Qué revela esto en cuanto a su fe?

3. Job llama a sus amigos "médicos que no valen nada" en 13:4 y procede a enumerar sus faltas y fracasos. ¿Qué criticismo enuncia o implica en los versículos 4, 5, 7, 9, 11 y 12?

4. ¿Cuál es el remedio para la muerte que Job considera en 14:13-17 y que Jesús declara en Juan 5:25-29?

5. A medida que Job continua meditando en la muerte y en el más allá, sus declaraciones se hacen más audaces. ¿Qué confianza y esperanza revela en 19:25-27?

6. ¿De qué manera la descripción profética de Job en 19:25-27 se relaciona a 1 Tesalonicenses 4:16-17 y a 1 Corintios 15:52?

*Lea los capítulos correspondientes en* Aferrándose a la Esperanza: *Culpa, Sufrimiento*

# SEMANA 4

¿Quién tiene la culpa?

## Preguntas para discusión en grupo

1. Comenzando en el capítulo 3, Job revela dolorosa y honestamente su vida y su fe, y es inevitable que esto nos haga sentir incómodos. ¿Por qué cree que nos sentimos más cómodos con una fe "comodona" que con una que cuestiona y que es escrutadora? ¿Cree usted que después de la fuerte respuesta inicial de Job ahora su fe ha fallado?

2. Es sorprendente, pero en los capítulos 3–37 no escuchamos a Job quejarse por perder a sus hijos, sus siervos, su ganado, su propiedad o su salud. ¿Cuál es su queja principal en 3:25-26? ¿Por qué cree que tenemos la tendencia a enfocar nuestras quejas en los detalles de nuestra pérdida más que en nuestra falta de paz o en la posible pérdida de nuestra relación con Dios?

3. ¿En qué aspecto Elifaz suena como un predicador o proponente moderno del evangelio de la prosperidad en 5:19-27? ¿Cómo refutaría usted lo que dice y qué versículos bíblicos usaría?

4. De nuevo, mucho de lo que dicen los amigos de Job es correcto, bueno y verdadero, pero se ha aplicado en forma equivocada. Mientras que las palabras de Bildad en 8:20 en general son correctas, ¿en qué

forma se ha aplicado incorrectamente esta verdad en el caso de Job? ¿Se puede aplicar esto a Jesús?

5. Job expresa la pregunta central del libro en 9:1-2. ¿Cuál es?

6. En el capítulo 9, Job revela su intenso escepticismo y sentimiento de estar apartado de Dios. ¿Puede un creyente ser escéptico, sentirse separado de Dios y todavía ser creyente? ¿Por qué es tan difícil e incómodo para nosotros darle lugar a la confusión, alejamiento y opresión en la vida de fe?

7. Job esperaba que Dios contestara y él lo hizo, pero Job tuvo que esperar. ¿Qué es lo que hace que la espera para escuchar de Dios sea tan difícil?

8. La palabras de Job en 13:15 son una respuesta directa a la conversación entre Dios y Satanás que comenzó este drama (Job 1:11). ¿Qué fue lo que estaba en juego y cómo se resolvió?

9. ¿Qué buenas nuevas anunciadas en el Nuevo Testamento (1 Corintios 15:54) podrían haber aliviado la ansiedad y el temor de Job por la muerte que se expresa en Job 17:13-16?

10. ¿Qué diferencia hace en su corazón y mente la promesa de la resurrección del creyente a medida que considera a aquellos que ama y que han muerto? ¿Qué diferencia hace cuando considera su propia muerte futura?

## Estudio diario

### DÍA 1: La mano de Dios

1. En Job 10:8, Job cuestiona a Dios diciendo: "Tú me hiciste con tus propias manos; tú me diste forma. ¿Vas ahora a cambiar de parecer y a ponerle fin a mi vida?" ¿Qué es lo que revelan los siguientes versículos de los Salmos acerca de lo que Dios hace para nosotros con sus manos?

   Salmo 31:14-15

   Salmo 32:4-5

   Salmo 75:7-8

   Salmo 119:73

   Salmo 139:9-10

2. ¿Qué es lo que Jesús hizo con sus manos, y qué significa cada hecho para usted personalmente?

   Marcos 8:22-25

   Marcos 10:16

   Juan 13:3-5

   Juan 20:24-28

### DÍA 2: Sembrando y cosechando

1. Lea Job 8:1-7. ¿Qué indica Bildad como la razón por el sufrimiento de los hijos de Job?

2. En Romanos 6:22, ¿qué es lo que se siembra y se cosecha?

3. En Romanos 6:23, ¿qué es lo que se gana y qué es lo que se obtiene en lugar de ello?

4. En 2 Corintios 9:6-15, ¿qué se siembra y qué se cosecha?

5. Lea Gálatas 6:7-10. En términos prácticos, ¿cuál es la diferencia entre alguien que siembra para agrado de su naturaleza pecaminosa y alguien que siembra para agradar al Espíritu?

6. "Cosechar destrucción" tiene inferencias inmediatas y a largo plazo. ¿Qué pecado ha sembrado que ha resultado en destrucción en su vida?

7. ¿Qué ha sembrado que le agrada al Espíritu, y ¿qué ha cosechado ya?

**DÍA 3: La maldición**

1. Lea Génesis 3. En los siguientes versículos, ¿qué maldición es el resultado del pecado de Adán y Eva?

3:14

3:15

3:16

3:17

3:19

2. Mientras que este pasaje describe los efectos de la maldición en la tierra y en la humanidad, también nos da esperanza para salvación por medio de la simiente de la mujer —Jesús. ¿Cómo le "mordió" Satanás el talón a Cristo? ¿Cómo se relaciona Génesis 3:15 con Romanos 16:20 y Apocalipsis 12:9?

3. Lea Romanos 8:18-25. ¿Qué es lo que aprende de la maldición en los versículos 20 y 21?

4. ¿Qué es lo que indica este pasaje en cuanto a cómo será nuestra espera durante el tiempo antes de la derrota final de Satanás y el final de la maldición?

5. ¿De qué maneras ha impactado su vida la maldición?

6. ¿Qué es lo que significaría para usted esperar con paciencia y perseverancia?

**DÍA 4: ¿Es el sufrimiento un castigo por el pecado?**
1. Lea el Salmo 103:8-12. ¿Qué es lo que merecemos y por qué? ¿Qué es lo que recibimos de Dios en cambio?

2. De acuerdo a Isaías 53:5-6 y 2 Corintios 5:21, ¿por qué sufrió Cristo?

3. Lea Romanos 3:23-26. ¿Cómo podemos llegar a ser justos ante los ojos de Dios?

4. Lea Romanos 8:1-3. ¿Qué es lo que significa no ser condenados y cómo se logra?

5. De acuerdo a Hebreos 10:26-31, ¿quiénes serán castigados y cómo será ese juicio?

6. ¿Ha asumido alguna vez que el sufrimiento en su vida era un castigo por algo que hizo o no hizo? ¿Qué es lo que piensa ahora?

**DÍA 5: Preparación para la discusión, Parte 1**
Lea u hojee Job 22–28.

1. De acuerdo a 22:2-3, ¿cómo cree Elifaz que Dios se siente en cuanto a la gente?

2. ¿Qué es lo que revelan Romanos 5:8 y 1 Pedro 3:18 en cuanto a la extensión del amor de Dios y nuestra justificación?

3. Lea las palabras de Job en 23:8-10 y en sus propias palabras escriba una paráfrasis de lo que está expresando Job.

4. Lea Job 23:10 y 1 Pedro 1:7. ¿Qué es lo que dicen estos versículos en cuanto a las pruebas que enfrentamos?

5. ¿Con qué partes de la breve respuesta de Bildad está de acuerdo (capítulo 25), y con qué partes está en desacuerdo?

6. Lea Job 26:1-4. Haga un resumen del desafío o pregunta de Job a Bildad.

**DÍA 6: Preparación para la discusión, Parte 2**
Lea u hojee Job 29–37.

1. En el capítulo 30, Job se lamenta por ser el paria y el blanco de insultos. ¿Qué es lo que dice Mateo 5:10-12 en cuanto a cómo deben esperar ser tratados los creyentes?

2. Del prólogo en Job 1:1-5 y en la declaración en 31:33, ¿qué es lo que ve que revela el secreto de la falta de culpa de Job?

3. Después de que los tres amigos de Job dejan de hablar, comienza el joven Eliú. ¿Qué palabra ve repetida numerosas veces en 32:2-5 que nos da una pista a la disposición de Eliú y da contexto a sus palabras?

4. Aunque los argumentos de Eliú no son muy diferen-

tes de los de los tres amigos de Job, él sugiere que Dios tiene una razón o propósito para el sufrimiento. ¿Cuál es el propósito en 33:19, 29-30 y 34:10-15?

5. A diferencia de los otros tres amigos de Job, Eliú parece tener sensibilidad espiritual y, sin embargo, también condena a Job. ¿De qué maneras ve esto en sí mismo —que aunque ama a Dios, a veces juzga, critica y no muestra amor hacia las personas a su alrededor?

6. El plan de Job de esperar en Dios provee el fundamento para el dicho "la paciencia de Job." En Santiago 5:11 algunas traducciones hablan de su "paciencia," mientras que otras alaban la "perseverancia" de Job. ¿Qué quiere decir tener paciencia o perseverar cuando se enfrenta sufrimiento?

*Lea los capítulos correspondientes en* Aferrándose a la Esperanza: *Desesperación, ¿Por qué?*

# SEMANA 5

¿Por qué?

## Preguntas para discusión en grupo

1. ¿Para qué propósito usó Dios el sufrimiento en los
siguientes pasajes? (Tal vez les quiera pedir a varios
miembros del grupo que lean cada uno de los versículos y que identifiquen el propósito de Dios en el
sufrimiento.)

| | |
|---|---|
| Salmo 78:34 | 2 Corintios 1:3-5 |
| Proverbios 17:3 | 2 Corintios 4:8-10 |
| Jonás 1:17–2:1 | 2 Corintios 12:7 |
| Juan 9:1-3 | Filipenses 1:12-14 |
| Juan 15:2 | Hebreos 12:10-11 |
| Romanos 5:3-4 | Santiago 1:2-4 |

2. ¿Puede ver usted cómo Dios ha usado el sufrimiento
en su vida o en la vida de alguien que conoce para
uno de estos propósitos?

3. En el capítulo 23, mientras que Job expresaba su
confianza en Dios y su confianza en los propósitos
de Dios (10-14), también pareció expresar terror
y espanto (15-17). ¿Puede una persona de fe tener
confianza en Dios y todavía sentirse aterrorizada en
medio de la dificultad?

4. En medio de su perorata, Job comparte en 26:5-14 una ofrenda de alabanza que es inspiradora. ¿Qué le dice esto en cuanto a su fe y a su conocimiento de Dios? ¿Qué le muestra esto en cuanto a la relación entre su conocimiento de Dios y sus preguntas?

5. Algunas veces no estamos dispuestos a clamar a Dios como lo hizo Job en 30:20. ¿A qué le tememos?

6. Los tres amigos de Job se frustran y no tienen nada más que decir. Al comienzo del capítulo 32, le llega el turno a Eliú, quien sugiere que Dios ha traído sufrimiento a la vida de Job para disciplinarlo. Aun si la disciplina espiritual no hubiera sido la razón principal detrás del sufrimiento de Job, ¿cree usted que Dios podría haber usado (o en realidad usó) el sufrimiento de Job para disciplinarlo?

## Estudio diario

### DÍA 1: La fortaleza de Dios en su debilidad

1. Lea 2 Corintios 12:1-10. ¿Por qué dice Pablo que le ha sido dada una espina en el cuerpo?

2. Pablo llama a esa espina "un mensajero de Satanás" (12:7), y sin embargo parece indicar que fue Dios quien se lo envió. ¿Qué podría indicar esto en cuanto a la soberanía de Dios? ¿Cómo se relaciona esto a la experiencia de Job?

3. ¿Qué aprende del ejemplo de Pablo en el versículo 8?

4. ¿Qué semejanzas ve entre la oración de Pablo y la oración de Jesús en Marcos 14:32-41?

5. ¿De qué manera lo alientan a usted las palabras del

Señor a Pablo a medida que las aplica a las heridas en su vida que a veces le parecen insoportables?

6. ¿Qué perspectiva fue la que capacitó a Pablo para decir que se alegraba en insultos, privaciones, persecuciones y calamidades (12:9-10)?

7. ¿Qué debilidades en su vida proveen oportunidades para que Dios despliegue su fortaleza? ¿Cómo le puede permitir a él que lo haga?

### DÍA 2: Madurez espiritual

1. Lea Santiago 1:2-4. ¿Qué puede hacer que una persona se sienta gozosa en medio del sufrimiento?

2. Del versículo 4, ¿qué respuesta se requiere en nuestro sufrimiento y cuál es el resultado o recompensa?

3. De acuerdo a Santiago 2:22 y Efesios 4:12-16, ¿cómo es un creyente maduro?

4. ¿Cuál es el proceso para desarrollar madurez espiritual de acuerdo a 2 Corintios 3:16-18 y Filipenses 3:12-16?

5. Lea Hebreos 5:12–6:3. ¿Qué es apropiado esperar de un creyente maduro (v. 12), y cuáles son las evidencias de un creyente maduro (v. 14)?

6. ¿En qué forma necesitará ajustar su actitud hacia el sufrimiento para permitirle que lo ayude a ser más maduro espiritualmente?

### DÍA 3: La fe verdadera es revelada

1. En Job 1:12, Dios le dice a Satanás que puede probar a Job quitando sus posesiones. ¿De qué forma fue el sufrimiento de Job una prueba? ¿Qué era lo que

estaba siendo probado? ¿Para beneficio de quién fue la prueba?

2. Job parece reconocer que está siendo probado y no sabe sobre la declaración de Dios en cuanto a su confianza en él. ¿Qué dice Job en 23:10 que él creía que era verdad pero que llegó a conocer por experiencia a través de la prueba?

3. Jesús fue puesto a la prueba suprema en la cruz. ¿Qué nos dice Hebreos 5:7-9 acerca de lo que fue demostrado en su vida?

4. Lea 1 Pedro 1:6-7. Una vez más, este escritor sugiere que podemos tener gozo en medio del sufrimiento. ¿Cuál es la fuente de ese gozo?

5. ¿Ha permitido el sufrimiento que su fe sea probada verdadera? ¿O ha revelado falta de fe en su vida?

## DÍA 4: La gloria de Dios

1. Lea Éxodo 33:18-23. ¿Qué le pidió Moisés a Dios?

2. ¿Cuál fue la esencia de la gloria de Dios que pasó frente a Moisés (v. 19)?

3. Lea Éxodo 34:29-30. ¿Cómo fue afectado Moisés por haber sido expuesto a la gloria de Dios?

4. Lea Juan 1:14 y Hebreos 1:3. ¿Cómo se mostró la gloria de Dios en estos versículos?

5. Lea 2 Corintios 3:13-18. ¿Dónde se ve ahora la gloria de Dios?

6. Lea Juan 15:8. ¿Cómo le damos gloria a Dios?

7. ¿Qué fruto ha producido usted para la gloria de Dios, o qué fruto está trabajando para producir?

**DÍA 5: El sufrimiento como disciplina**

1. Lea Hebreos 12:3-11. Reconociendo que el escritor de Hebreos les está hablando a creyentes que están sufriendo persecución, ¿cuál dice él que es el propósito de la disciplina de Dios y para quiénes es (vv. 5-6)?

2. De acuerdo al versículo 5, ¿cuáles son dos formas en que podemos desperdiciar los esfuerzos de Dios de disciplinarnos? ¿Cómo deberíamos responder en cambio, de acuerdo a los versículos 9 y 11?

3. Debido a que uno de los atributos de Dios es la perfección, sabemos que él es el Padre perfecto. Entonces, ¿de qué forma es su disciplina diferente de la disciplina de los padres terrenales?

4. De acuerdo al versículo 10, ¿cuál es la meta de la disciplina de Dios que nos asegura que es formativa y no punitiva?

5. Al igual que cualquier otra meta digna y alta (como bajar de peso, conseguir un título universitario, etc.) requiere que soportemos dificultades, que nos sometamos y que seamos adiestrados, llegar a ser santos como Jesús requiere que usted se someta a la disciplina de Dios. ¿Qué sacrificios o limitaciones auto impuestas cree que serán necesarios? ¿Está usted dispuesto a hacer esos sacrificios?

6. ¿Cuál será el resultado o fruto de someterse a la disciplina de Dios, de acuerdo a 12:11?

**DÍA 6: Preparación para la discusión**

1. Lea Job 38–41. En 38:1-7, ¿cuáles de sus propios atributos parece enfatizar Dios por medio de sus preguntas?

2. Lea 40:6-14 y fíjese en palabras como justicia, quedar mal, cúbrete, amortaja. Dios parece estar respondiendo a las preguntas que Job le hizo en cuanto a su justicia. ¿Cómo puede el hecho de reconocer a Dios como un juez perfecto y recto impactar nuestra tendencia a quejarnos de que Dios no nos ha tratado con equidad?

3. En 41:11, ¿cuál es el mensaje principal acerca de Dios?

4. ¿Cuál es la primera respuesta de Job a la revelación de Dios? (Vea Job 40:4.)

5. Ponga 42:1-2 en sus propias palabras —la forma en que le hubiera dicho usted eso a Dios.

6. ¿Qué es lo que admite Job en 42:3 y qué rasgo de carácter refleja su confesión?

7. ¿Cuál fue la acción de Job que se muestra principalmente en 42:6? ¿Qué actitud revela este hecho?

8. ¿Qué es lo que entiende usted por arrepentimiento? ¿Cómo se arrepiente una persona y quién necesita arrepentirse?

*Lea los capítulos correspondientes en* Aferrándose a la Esperanza: *Eternidad, Misterio, Sumisión*

# SEMANA 6

## Dios habla, Job responde

### *Preguntas para discusión en grupo*

1. Puesto que Dios es creador del universo y de todo —incluyéndolo a usted—, ¿qué derechos o libertades le da eso a él?

2. Dios es un juez perfecto, justo y recto. ¿Qué es lo que esto significa para usted si se encuentra bajo su gobierno?

3. Si todo debajo del cielo le pertenece a Dios —incluyéndonos a usted y a mí—, ¿qué inferencias tiene eso para alguien que demanda que Dios se explique a sí mismo?

4. ¿Por qué cree usted que Dios respondió a las preguntas de Job y de sus amigos con sus propias preguntas en lugar de explicarles las causas y propósitos del sufrimiento en general, y del sufrimiento de Job en particular?

5. ¿Cómo nos ayuda la revelación de Dios de sí mismo —en la tempestad a Job, a través de Jesús, y a través de las Escrituras— en nuestra búsqueda de ver que el sufrimiento tiene algún sentido y en la forma de responder apropiadamente al sufrimiento?

6. La idea de someterse a la soberanía de Dios en su vida ¿le resulta exigente y le produce temor, o es una idea liberadora? ¿Por qué?

7. Una reacción típica al sufrimiento es un sentimiento de ¡No me merezco eso! ¿Cómo cambiaría la humildad esa respuesta?

8. Refiérase a sus notas de la última pregunta en la Semana 5. Discuta lo que entiende por arrepentimiento, cómo se arrepiente una persona y quién necesita arrepentirse.

## Estudio diario

### DÍA 1: Escuchando la voz de Dios

1. A menudo Dios ha hablado por la naturaleza, como lo hizo con Job en la tempestad. ¿Qué fue lo que usó Dios y cuál fue su mensaje en los siguientes pasajes?

Éxodo 3:1-6

Mateo 17:5

Romanos 1:20

2. Según Hebreos 3:7-15, ¿cómo deberíamos responder cuando escuchamos la voz de Dios?

3. De acuerdo a estos versículos, ¿qué es lo que nos impide escuchar la voz de Dios?

4. ¿Cuáles son algunas de las formas en que podemos endurecer nuestro corazón?

5. Lea Apocalipsis 3:20. ¿Cuál es la promesa y a quién se le hace?

6. ¿Cuál es la condición para la promesa (3:19)?

### DÍA 2: Los caminos de Dios y la sabiduría

1. A medida que leemos la historia de Job, nos damos cuenta de la confrontación cósmica que existe entre

Dios y Satanás, pero Job no tenía ese contexto para su experiencia. ¿De qué forma las palabras de Dios desde la tempestad en Job 38–41 reflejan las palabras de Zofar en Job 11:7?

2. ¿Qué significa Isaías 55:8-9 y cómo responde usted a esa verdad?

3. Lea Romanos 11:33-36. Al igual que Pablo, ¿celebra usted la imposibilidad de entender las decisiones y los métodos de Dios, o los encuentra frustrantes y desalentadoras? ¿Cómo puede obtener una perspectiva como la de Pablo, que lo capacite para regocijarse en la insondable sabiduría de Dios?

4. Mientras que nuestro conocimiento y experiencia terrenal nos limitan, ¿qué es lo que revela Efesios 6:10-12 acerca de lo que sucede en las regiones celestiales? ¿Cómo se demuestra esto en la historia de Job?

5. A la luz de esta dimensión espiritual, ¿cómo debería responder usted cuando no entiende los planes, propósitos y métodos de Dios?

## DÍA 3: El temor de Dios

1. En 28:28, Job dice: "Temer al Señor: ¡eso es sabiduría!" En los siguientes versículos, ¿cuáles son algunas de las características o experiencias de los que temen a Dios?

Job 1:1

Salmo 25:12-15

Malaquías 3:16-18

Hechos 9:31

Filipenses 2:12-13

2. De acuerdo a los siguientes versículos, ¿cuáles son algunas de las características o experiencias de los que no temen a Dios?

Salmo 36:1-4

Proverbios 1:7

Jeremías 2:19

Romanos 3:10-18

3. ¿Hay algunas esferas de su vida —tal vez su forma de hablar, sus hábitos, su actitud casual hacia las cosas de Dios— que reflejan falta de temor a Dios? ¿Cuáles son?

4. De acuerdo a Proverbios 2:1-9, ¿cómo puede crecer usted en el temor al Señor?

**DÍA 4: Humildad**

1. En 1 Pedro 5:5-6 y Colosenses 3:12-13 se nos dice que nos vistamos de humildad. Lea esos versículos y describa la forma en que su vida se vería diferente de cómo se ve ahora si usted estuviera vestido de más humildad.

2. ¿Cómo recompensa Dios la humildad en los siguientes versículos?

Salmo 18:27

Salmo 25:9

Salmo 149:4

Proverbios 3:34

Proverbios 11:2

3. Lea Mateo 23:11-12. ¿Qué dice Jesús que le sucederá a la persona que es un siervo humilde?

4. En Santiago 4:10 se repite esa verdad. ¿De qué manera nuestro orgullo y nuestra búsqueda de vernos mejor ante los ojos de otras personas revelan una falta de fe en la Palabra de Dios?

5. Cultivamos la humildad en nuestras vidas cuando buscamos oportunidades de servir, rehusamos buscar ser el objeto de atención de los demás y con determinación negamos nuestros impulsos orgullosos. Piense en su horario y en las personas con las cuales tiene contacto. ¿Qué es lo que puede hacer —o no hacer— para cultivar un espíritu de humildad en su vida?

**DÍA 5: Arrepentimiento**

1. Basándonos en Hechos 3:19 y Hechos 26:20, ¿qué acción está implícita en el arrepentimiento?

2. De acuerdo a 2 Corintios 7:8-11, ¿cuál es el buen resultado de estar tristes por el pecado?

3. ¿Cuál es el resultado de la tristeza que proviene de Dios y que lleva al arrepentimiento?

4. Según 2 Pedro 3:9, ¿quién necesita arrepentirse?

5. El arrepentimiento no es una experiencia de una sola vez, sino una parte del proceso de llegar a agradar más a Dios a medida que nos entregamos a él y el

Espíritu Santo habita más plenamente en nosotros. ¿De qué pecado habitual necesita arrepentirse? ¿Qué pasos específicos debe dar para arrepentirse de ese pecado?

## DÍA 6: Preparación para la discusión

1. Lea Job 42. ¿Qué cree que quiere decir Job en su declaración del versículo 5?

2. ¿Cómo le encuentra usted sentido a lo que aprendimos acerca de Job en 1:1 y lo que leemos en 42:5?

3. Piense en una discusión anterior acerca del propósito del sufrimiento y las formas en que Dios usa el sufrimiento en nuestras vidas. ¿Cuál cree que fue el propósito del sufrimiento en la vida de Job? ¿Cómo lo usó Dios en su vida y en las vidas de otros?

4. ¿Cuáles son algunas de las cosas que los amigos de Job dijeron o hicieron que hirieron a Job?

5. ¿Qué han hecho bien y qué han hecho mal los "consoladores" en su vida en medio de su sufrimiento?

6. ¿Recuerda que Job anheló que existiera un mediador entre él y Dios? ¿De qué forma se convierte él mismo en un mediador? ¿Cómo cree que eso impactó su relación con sus tres amigos?

7. En 42:7, Dios dice que los amigos de Job no hablaron correctamente en lo que dijeron acerca de Dios, a diferencia de Job. ¿Cree usted que todo lo que Job dijo acerca de Dios era correcto? Si no, ¿por qué cree que aun Job le agradaba a Dios?

8. De los versículos 42:10-15, anote las formas en que Job llegó a prosperar nuevamente.

9. ¿Cree usted que la intimidad con Dios, las relaciones restauradas con sus amigos y la restauración de su propiedad y familia hicieron que los sufrimientos que había experimentado Job valieran la pena? ¿Por qué sí o por qué no?

10. Job 42:17 dice: "[Job] disfrutó de una larga vida y murió en plena ancianidad." ¿Usaría usted la palabra "disfrutar" para describir la vida de Job? ¿Por qué sí o por qué no?

*Lea los capítulos correspondientes en* Aferrándose a la Esperanza: *Consoladores, Intimidad*

# SEMANA 7

## La vida buena

## *Preguntas para discusión en grupo*

1. A través de la mayor parte del libro, Job estuvo desesperado y tenía muchas preguntas, queriendo no haber nacido. ¿En qué forma lo cambió escuchar de Dios?

2. ¿Se ha cumplido el deseo de Job de presentar su caso ante Dios y de ser juzgado? Al final del libro, ¿cree usted que él está satisfecho o insatisfecho?

3. Reconociendo que nunca podemos entender completamente los propósitos de Dios en el sufrimiento, ¿de qué manera usó Dios el sufrimiento de Job para bien?

4. ¿Cómo ha usado Dios el sufrimiento de Job en la vida de usted, siglos más tarde? ¿Qué le dice esto en cuanto a la forma en que su respuesta (buena o mala) al sufrimiento puede afectar a las personas que están alrededor de usted y a generaciones futuras?

5. Al igual que Job, muchos de nosotros en medio de una pérdida descubrimos que nuestros "amigos" a menudo nos pueden herir en lugar de ayudarnos. ¿Cómo ha sido esto cierto en su vida?

6. ¿Por qué es difícil perdonar? ¿Qué es lo que se requiere? ¿Cuáles son los beneficios de perdonar a los que nos han herido?

7. ¿Qué piensa en cuanto a lo que le sucede a Job después de su sufrimiento —su prosperidad personal, nueva familia y larga vida?

8. ¿Pueden asumir todas las personas que han permanecido fieles a Dios a través de su sufrimiento que Dios les restaurará lo que han perdido en esta vida? ¿Por qué sí o por qué no?

9. A través de este drama, Job nunca supo del acuerdo entre Dios y Satanás. ¿Cree usted que Job fue sólo una víctima desafortunada de este desafío cósmico?

## Estudio diario

### DÍA 1: Conocer a Dios

1. Lea Filipenses 3:1-14. ¿Cuáles son algunas de las cosas que antes Pablo consideraba como ganancia que llegó a considerar como pérdida?

2. Si las obras religiosas o ser miembro del grupo religioso "correcto" arreglara sus cuentas con Dios, ¿qué incluiría usted en su lista de ganancias? ¿Cómo le han impedido o ayudado estas "ganancias" para llegar a conocer a Dios?

3. ¿Qué perspectiva y deseo tuvo Pablo que hizo que esas ganancias pasaran a la columna de las pérdidas?

4. ¿Qué cosas son las que más quería Pablo (vv. 10-11)?

5. ¿Qué cree que quiso decir Pablo cuando dijo que quería "participar en sus sufrimientos y llegar a ser semejante a él en su muerte" (v. 10)?

6. ¿Cómo le ha ayudado su sufrimiento a tener una comunión o intimidad mayor con Dios? ¿Cómo ha

causado que usted llegue a ser más semejante a él en su muerte?

## DÍA 2: Perdón

1. Según cada uno de los siguientes versículos, ¿por qué deberíamos elegir perdonar a los que nos hieren y ser reconciliados con los que hemos herido?

Mateo 5:23-26

Mateo 6:12-15

Colosenses 3:12-17

2. ¿En qué forma comprender la enormidad de su propio pecado impacta su habilidad o disposición de perdonar a otros, aun cuando ellos no lo "merecen"?

3. Perdonar no quiere decir pasar por alto lo que alguien ha hecho que lo ha herido. En cambio, significa reconocer el peso de la herida y rehusar hacerle pagar a esa persona. ¿Quién le debe algo y cómo podría usted marcar esa deuda como pagada?

4. A veces queremos que alguien por lo menos nos pida perdón antes de estar dispuestos a ofrecérselo. ¿Qué es lo que aprende sobre esto del ejemplo de Jesús en Lucas 23:33-34?

5. Lea Hebreos 12:1-2. No perdonar es como un peso que nos quiere derribar mientras procuramos correr la carrera de la fe. ¿En qué forma el no perdonar lo ha abatido, derribado o le ha puesto una carga? ¿Cómo sería estar libre de ese peso?

6. Perdonar no es una reacción natural sino una reacción sobrenatural. Tal vez le parezca que no tiene

la fortaleza para perdonar. De acuerdo a Romanos 8:1-11, ¿dónde puede encontrar el poder para perdonar a los que lo han herido?

### DÍA 3: Mayordomía

1. Lea Mateo 25:14-30. ¿Qué esperó el señor de sus siervos?

2. El siervo que ganó cinco talentos y el que ganó dos talentos (RV60) recibieron la misma recompensa. ¿Qué le indica esto en cuanto al señor y a lo que le agradaba?

3. ¿En qué forma las palabras del siervo en los versículos 24-25 le recuerdan a los amigos de Job cuando hablaban de Dios?

4. ¿Por qué fue juzgado infiel el siervo que recibió un solo talento?

5. De acuerdo a los versículos 28-30, ¿qué les sucede a los que son fieles y producen fruto con los que se les confía, y qué les sucede a los que desperdician lo que se les ha confiado?

6. ¿Cuáles son algunas de las posesiones, oportunidades, ventajas, experiencias o habilidades que Dios le ha dado y que él espera que usted las use como un mayordomo fiel?

7. ¿Quiere usted más de Dios? ¿Más recursos, más habilidades, más oportunidades? ¿De qué formas está siendo un buen mayordomo de lo que él ya le ha confiado?

### DÍA 4: El sufrimiento es redimido

1. Lea Romanos 8:28. Este es un versículo que algunos de nosotros que hemos sufrido podemos llegar a

resentir cuando se nos cita "a" nosotros en medio de nuestro dolor o pérdida, y sin embargo su verdad trae esperanza en medio de la desesperación. Escriba este versículo en sus propias palabras.

2. ¿Es universal esta promesa? Si no lo es, ¿para quiénes ha sido hecha?

3. José entendió que Dios puede usar aun el mal para buenos propósitos. ¿Cómo expresó él esta verdad en Génesis 50:20?

4. La verdad de que Dios hace que todas las cosas obren para bien ¿quiere decir que todas las cosas que nos suceden a nosotros son buenas? ¿Cuál es la diferencia?

5. De acuerdo a Romanos 5:3-4, ¿qué clase de bien puede salir del sufrimiento?

6. ¿Ha experimentado en su vida esta clase de buen resultado del sufrimiento? ¿Por qué sí o por qué no?

## DÍA 5: Fortaleza en el sufrimiento

1. Lea el Salmo 27. ¿Qué era lo que más quería David cuando enfrentó dificultad en su vida?

2. ¿Cómo sería para usted "habitar en la casa del Señor" o sentirse cómodo en la presencia de Dios (v. 4)?

3. ¿Cuáles son tres cosas que dice este Salmo que Dios hará (v. 5)?

4. ¿Qué ocho cosas le pide David a Dios que haga en los versículos 7-12? ¿Cuáles de estas peticiones le haría usted también a Dios?

**DÍA 6: Preparación para la discusión**

1. En Job 2:3, 2:7 y 42:11, ¿cuáles son las variaciones sobre quién parece ser el responsable de los sufrimientos de Job? ¿Puede usted reconciliar estas variaciones?

2. Lea Job 2:10 y Eclesiastés 7:13-14. ¿Cuál es el punto que destacan estas dos referencias?

3. ¿Qué le dice Juan 14:28-31 acerca de la capacidad de Dios de usar el mal para lograr el bien?

4. ¿Qué le dice Hechos 2:22-24 acerca del plan de Dios? ¿Qué le dice acerca de la responsabilidad del hombre? El hecho de que lo que estos hombres malvados hicieron fuera parte del plan eterno de Dios ¿hace que lo que sucedió fuera bueno?

5. Lea Hebreos 5:7-9. El hecho de que Jesús luchó con el plan de Dios —el cual incluía el dolor de soportar la ira de Dios en la cruz— ¿cómo lo ayuda a usted cuando lucha con el hecho de que el plan de Dios para usted ha incluido sufrimiento?

6. Cuando considera a Jesús en la cruz, ¿cómo se siente acerca de 1 Pedro 2:21-23 y Lucas 9:23-25?

7. Considerando Lucas 9:23-25, ¿cuál es el beneficio de estar dispuesto a llevar su cruz y cuál es la consecuencia de no estar dispuesto a hacerlo?

8. Lea 2 Corintios 4:10-18. ¿Cuáles son los beneficios y el resultado final de llevar en nuestros cuerpos la muerte de Jesús?

9. Si sabe que Dios puede permitir que el sufrimiento y el dolor lleguen a nuestra vida, ¿qué diferencia

representan para usted las promesas del Salmo 23:4 e
Isaías 43:2?

*Lea el capítulo correspondiente en* Aferrándose a la Esperanza:
*Epílogo*

# SEMANA 8

La soberanía de Dios en el sufrimiento

## Preguntas para discusión en grupo

1. Si Dios no trae aflicción a nuestra vida de su propio agrado, ¿por qué elegiría permitir que el sufrimiento llegara a nuestra vida (Lamentaciones 3:22-33)?

2. ¿Qué diferencia hace esa verdad a medida que usted lucha con la pregunta de por qué Dios elige que el dolor llegue a su vida?

3. El hecho de que Dios puede haber permitido que una persona malvada lo hiriera a usted o a alguien que usted ama ¿hace que eso sea bueno? ¿Es eso lo mismo que cuando Dios lo usa para bien en su vida o en las vidas de otras personas?

4. Dios estuvo dispuesto a permitir que hombres malvados crucificaran a Jesús para que se realizara la obra de la salvación. ¿Cómo afecta eso su habilidad de ver que Dios puede usar en su vida algo que sólo puede ser descrito como malo?

5. ¿Qué cree que significa tomar "su cruz" (Mateo 10:38)?

6. ¿Ha experimentado el tener que renunciar a su vida por Cristo y encontrar la verdadera vida?

7. Después de haber estudiado el libro de Job, ¿puede ahora explicar con exactitud por qué suceden cosas malas y por qué sufren los inocentes? Si no lo puede hacer, ¿se puede sentir cómodo con esa ambigüedad?

8. ¿En qué forma lo ayuda Deuteronomio 29:29 con la ambigüedad de tratar de entender el por qué del sufrimiento?